Ships
of
China

中国航海博物馆 编

A Special Exhibition
of Ancient Chinese Ship Culture
———
中国古代舟船文化
特展图录

上海书画出版社

何以行舟

中国河网密布、海疆辽阔，自古具备适宜舟船航行的优良水域环境。出于天然的交通需求，先民创造出"舟""筏"等渡水工具，并在数千年间不断精进中式木帆船的建造工艺，孕育出诸多世界首创奇迹。并行发展的航海技术，不仅有行止自如的橹、桨、帆、舵与锚泊装置，更有航海罗盘、针经图式等中国特色导航技术。中国舟船航行的区域愈趋广泛，古代先民逐渐走出黄水浅湾，驶向蔚蓝远洋。

CHAPTER
ONE

ORIGIN
OF
SHIPS

China has a dense river network and a vast sea territory, providing a favorable water environment for navigation since ancient times. To meet the intrinsic needs of transportation, our ancestors invented waterborne tools like boats and rafts, and continuously improved the building techniques of Chinese wooden sailboats over the past thousands of years, creating a number of "world's first" miracles. At the same time, nautical technologies kept evolving, such as oar, paddle, sail, rudder and anchoring devices of high maneuverability as well as marine compass, nautical chart and other Chinese-style navigation skills. As the service regions of vessels became wider, ancient Chinese people began to sail from shallow shoals to deep seas.

The Commentary
on the Waterways Classic

《水经注》

清（1644—1912年）
长：26cm 宽：16cm
中国航海博物馆藏

北魏郦道元编写的地理学专著。书以《水经》为纲，全书表面上记录水道，实际上是一部以水为纲，对河流流经之处所做的一次百科式的汇集。河流流经之处的城池及沿革变迁、山川寺庙、著名人物、水利工程、物候风俗，甚至于古老传说、民俗歌谣都有所涉及，作为一本注释类书籍大大超越了原书，是中国古代最全面、最系统的综合性地理著作之一。郦道元，字善长，北魏著名的地理学家。

貫坦乎國紀封原割畫則百川斷裂洋然險阨防況其精
通天步體轄人事海安而知內寧河清而期聖出徙焉
下廢竭以表亡則代運之隆衰而姓庶之災吉亦可觀
也必撥夫源首其排入也必極夫歸納以真其宣導
俱炳厥後九亡不傳四岳韜緼周官存載之略爾雅
開昆崙之端若司馬遷之載河渠庾仲雍之筆江記編
其溝洫傯私謀兼八表況王澤寢消地象俱廢樂廣闕者湮
啓塞雁恒陵谷皆變洪鉅者失其包帶微織之亂其營
緯綜詭詭莫之質竟也已故漢之桑欽特創此作追

法貢體錄爲新經羅

勒一典凡所引天下之

水百三十有七苟非經流不在記注之限錯陳舊慕以
備叅鈎派盡係科以罄脈衍務討其奇同蔚宗之旨趣
嚴標郡縣肯班固之鋪設是乃曠絶之觚翰也然規綱
則舉解節未彰迫於後鄺道元因景純之溫飭足君
長之簡遠以博洽之弘襟禮圖輿之頴學隨經抒述撥
籍弘鋪剖說十倍於前文撣述半防其躬履或衆援以
明謔或極辨而較是或衰逖以略過或廓無而續有故
凡過歷之皋嶺夾竝之岻岸環璅間之亭郵跨俯之城陸
鎮被之巖嶺迴注之谿谷湖枕之鄉聚瞀映之臺館建
樹之碑碣沈淪之基落靡不蜀莘曲收左撫右采堂曰

2

《皇朝一统舆地全图》

Atlas of the United Country of the Qing Dynasty

清（1644—1912年）
长：140.5cm 宽：128.5cm
中国航海博物馆藏

　　董方立绘制，李兆洛编制的清朝中叶全域地图。本图采用经纬线与传统计里画方格并用的表示法，以京师的经线为起始经线，将纬度1度分二格，以纬度5度30分为一排，共八排。绘制范围东起库页岛，西及葱岭，北界黑龙江，南达海南岛，表现了清朝中叶的疆域政区及周边国家。图中仅选取县以上行政建置，详细绘制清朝河道、湖泊、海域及岛屿的情况，对清代水运航行有一定指导作用。该图采用经纬网与方里网并用的形式，主要是出于制图与用图的双重考虑及测天、测地的双重需要。这种双重网格的绘图方法广泛流传，被后世大量地图采用。

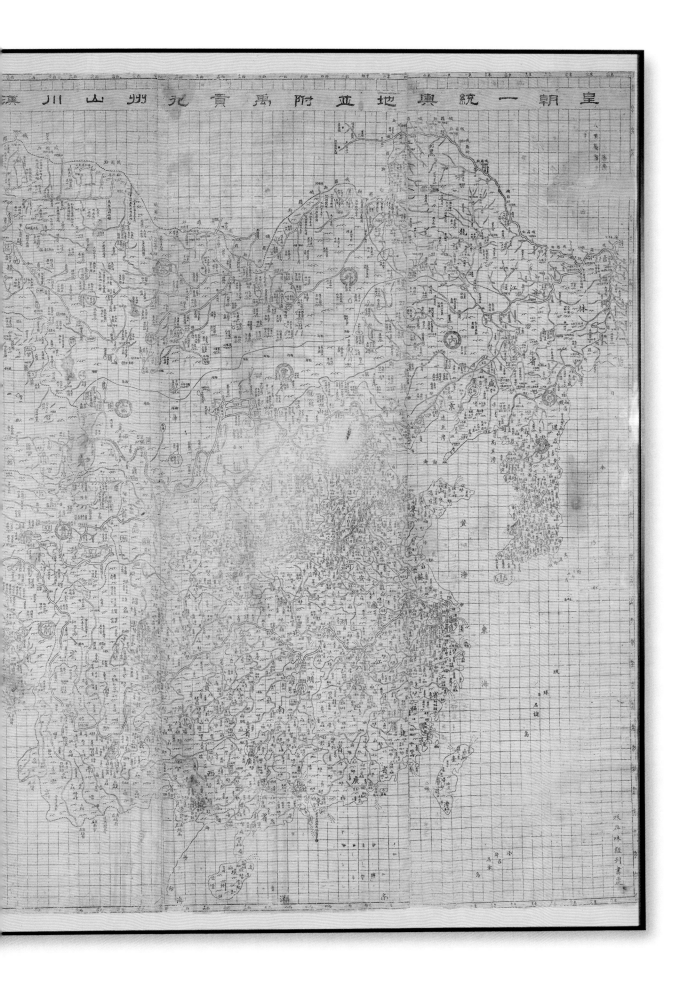

皇朝一統輿地全圖附禹貢九州山川

013

3 *Atlas of the Country of the Qing Dynasty*

《皇清天下舆地全图》

清（1644—1912年）
长：35cm 宽：25cm
中国航海博物馆藏

清佚名所绘制的清朝后期疆域图。本图详细绘制清朝各省份地名、河流、湖泊、海域及岛屿，一定程度上记录了当时中国水系情况。

福建圖

福建省歌

閩東福州府直隸福寧。屏南興化泉州。永春接廈門。儻西北延府建府邵武接壤。西南汀府漳州龍巖。州內龍嚴別有台灣屬轄管三府一州峙海濱。

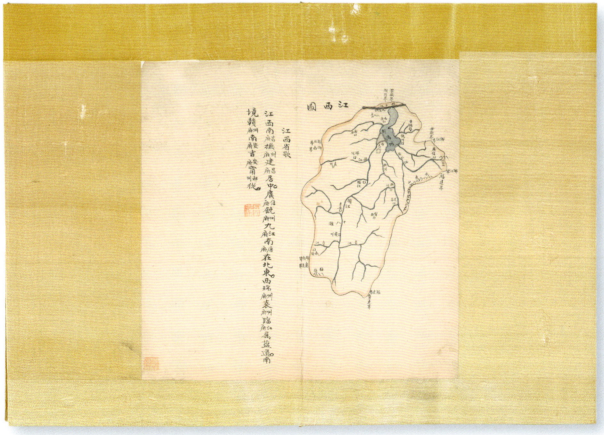

江西圖

江西省歌

江西南昌撫州府建昌居中廣信府饒州九江府南府在北東。西瑞州府袁州臨江府嗟道南。境贛州南安吉安府郴州從。

4 《皇朝中外一统舆图》

Atlas of the United Country of the Qing Dynasty

清同治二年（1863年）
长：29.6cm 宽：20cm
中国航海博物馆藏

　　本图初为胡林翼在湖北巡抚任内请邹世诒、晏启镇编制。后胡林翼去世，严树森继任，遂请李廷箫、汪士铎校订，于同治二年刊行。该图根据康熙、乾隆实测内府舆图，并参考李兆洛、董立方的《皇朝一统舆地全图》编制，较《皇朝一统舆地全图》既增补了许多地名，又扩大了绘制范围。

　　本图承袭了《皇朝一统舆地全图》的经纬线与计里画方格网并用的绘制方法，经纬线采用虚线，图面为传统的计里画方网格，总图每方四百里，分图每方百里。绘制范围东起日本列岛，西至里海一带，南抵越南，北达贝加尔湖，展现了清朝后期疆域政区、山川河流、海域及岛屿的情况，一定程度上记录了当时中国水道状况。值得注意的是，卷首有世界地图三幅，一幅覆盖北冰洋，东至日本，西至地中海，南至越南、缅甸；另两幅分别为东、西半球，绘制出世界各地区及海洋、岛屿。

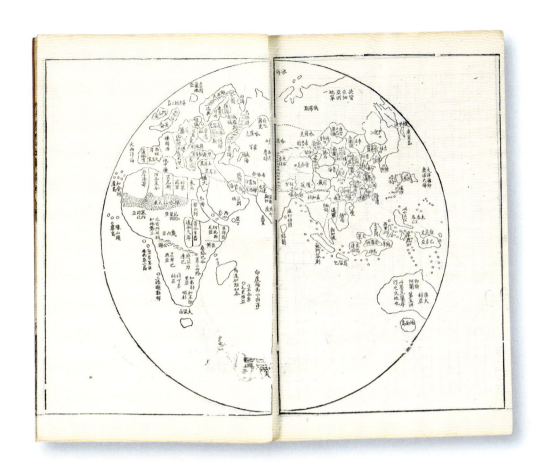

不窬此數端而巳夫通典詳四至郡縣志八到
陳篇襄例枚數瞭如然陵谷時變形勢屢遷建
設世殊名稱代異若非廣蒐叠集叢編將
遵古則戾今舉中則遺外其爲采輯也難黄圖
鈞奇於倣詭桑經漏志於東南業鮮顎門丹素
互詆診存籍佚難詳名一道殊志邑多舛
而惑緯其爲卷逃地難兄夫槻槍未落戎車方
若非學優畫地才裕說山將指北以歧南執經
震千秋之阜圖巳㴑七表之亥步誰量畫斧既

定不蹈兩戒聚米無徧莫別九州若非高掌達
蹠之識洞幽燭微之幾必將以南都爲無用之
繪圖春秋實斷爛之朝報曠時惜力置諸迂緩
則難有創於前者莫克成之後是作之難述之
亦不易也益陽胡文忠志刊此圖未竟其事會
嚴湄春中丞來撫是邦與予謀踵成之博采志
乘禮徵名宿策日歲功讐校精善蔚然成一代
大觀夫鄂處兵燹之餘文獻流軼存者蓋寡其
時灣皖濱江上下數千里胥受蹂躏文忠議復

5

Pottery boat of Hemudu site
(copy)

新石器时代
长：4.2cm 宽：2.8cm 高：2.6cm
浙江余姚河姆渡遗址出土
中国航海博物馆藏

河姆渡陶舟（复制件）

　　陶舟两头尖，底略圆，尾部微翘，首端有一微孔，俯视略如菱形。河姆渡遗址是1973年在浙江省余姚市发现的一处新石器时代古人类遗址。考古人员在遗址中挖掘出八支木桨、一只微型陶舟模型和大量水生动植物遗骸。这些都证明古河姆渡人已经能够制造舟船。

6

Oracle bone with inscriptions (copy)

刻辞甲骨文（复制件）

商（前1600—前1046年）
1：长：10cm 宽：12.3cm
2：长：14.6cm 宽：12.3cm
3：长：23cm 宽：16.6cm
4：长：31.5cm 宽：18.5cm
5：长：24.2cm 宽：14.8cm
6：长：24.2cm 宽：20.5cm
7：长：4.7cm 宽：2.3cm
8：长：8.5cm 宽：2.8cm
中国航海博物馆藏

甲骨文是我国已发现的早期文字史料。这种文字刻写在龟甲和兽骨上，内容大部分是占卜的记录。甲骨文起初在河南安阳的殷墟出土，又叫契文、卜辞或殷墟文字。在甲骨文中出现了大量"舟"字及与"舟"有关的字，据此推断早在距今3500至3000年的殷商时代就可能出现了早期舟船文明。

1

2

3

4

5

6

7

8

7

五桨木船 (复制件)

Wooden ship with five paddles (copy)

西汉（前206—25年）
长：79.8cm 宽：14.8cm 高：18.2cm
中国航海博物馆藏

1956年于广州西郊西汉木椁墓中出土一艘随葬的木质船模。该船底中部略平而首尾部分略上翘，船中部设有小房，供人休憩之用。木船上有五人，前四人持桨划船，后一人持尾桨，该桨兼起尾舵作用。该船虽为随葬品，但反映了中国西汉时期实船形制，有甲板和上层建筑，另外船上出现类似尾舵的桨，是中国古代造船由独木舟向木板船发展的重要物证。

西汉五桨木船线图

8
Wooden ship of Hubei Jiangling (copy)

湖北江陵木船（复制件）

西汉（前206—25年）
长：70cm 宽：10.5cm 高：18cm
湖北江陵西汉墓出土
中国航海博物馆藏

　　1973年于湖北江陵西汉墓中出土一艘随葬木船模型。该船船体细长，船首窄收，船尾稍宽，中部最宽；船体中部凿空成舱，内设横梁，以支撑船舷，之上再铺盖板成船面；船面上设五支船桨，船首两侧各设两支，为船体前行提供推进力量；另一只在船尾的舷部中间，此尾桨的划动不离开水面，在水中左右摆动，起到舵的作用。船面中间上设亭式船舱，由前后两面立柱夹墙支撑，船舱顶部为两面坡形制。

　　湖北江陵西汉木船同广州出土五桨木船类似，是独木舟向木板船过渡的典型案例。该船是在独木舟的基础上加装了木板扩大了使用空间，使其运输载客的功能得以进一步发挥，是中国造船史上的一大进步。

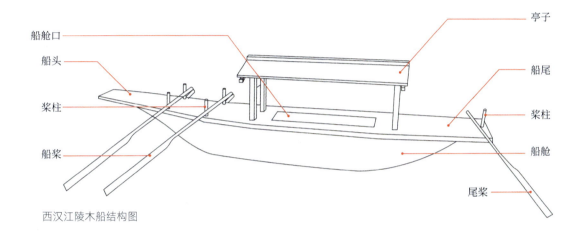

船舱口   亭子

船头

船尾

桨柱   桨柱

船桨   船舱

尾桨

西汉江陵木船结构图

9

Clench nail

弯钉

明（1368—1644年）
长：9.4cm 宽：1.6cm 高：1.5cm
南京宝船厂遗址出土
中国航海博物馆藏

南京宝船厂遗址位于南京市区西北部的中保村。该遗址内现存三条长方形的古代船坞遗迹，分别为四作塘、五作塘和六作塘。2003年至2004年，考古人员开始对南京六作塘遗址进行发掘工作，发现大量木质、铁质造船工具，仅造船铁钉就达到550件之多。在众多出土铁钉中，单件弯头钉共出土101件。出土弯头钉的顶端头部向一侧弯曲，从上至下宽度与厚度逐渐收缩，至底部呈尖状。弯钉主要功能是把两块船板边缝别合起来，类似于别针的作用，常用于两块船板边缝的拼接。

Fastening nail

钯钉

明（1368—1644年）
长：12.2cm 宽：1.5cm 高：2cm
南京宝船厂遗址出土
中国航海博物馆藏

　　南京宝船厂六作塘遗址出土钯钉数量较多，共计292件。出土的钯钉整体为一块扁平的铁片，两端逐渐收窄成尖头，将尖头弯曲成近90度，与中间部分基本保持垂直状态。出土的钯钉在形态上有所区别，部分钯钉较为细长，从中间到两端，宽度的变化较为平缓；另有部分钯钉较为肥厚，从中间到两端，宽度的变化较为急剧。在传统木船（海船）建造过程中，该钉在隔舱板的板材拼接中使用量最大，能对开裂的木板起到紧固作用。

11

Iron antler-shaped caulker

船
用
铁
鹿
角
刺

明（1368—1644年）
长：19.8cm 宽：9.5cm 高：0.8cm
南京宝船厂遗址出土
中国航海博物馆藏

　　南京宝船厂六作塘遗址出土一些器型较为特殊和少见的铁质器物，船用铁鹿角刺便是其中之一。该器物造型奇特，类似鹿角，器物"T"形处较厚，向两端及尖刺端逐渐收窄、变薄。该器物可能为中国古代先民专用捻缝工具之一。

船
用
铁
刀

Iron knife for shipbuilding

明（1368—1644年）
长：33.3cm 宽：4.5cm 高：3.2cm
南京宝船厂遗址出土
中国航海博物馆藏

中国古代先民专用捻缝工具之一。南京宝船厂六作塘遗址出土铁刀共计7件。该铁刀器身似矛，头部尖，两侧边为弧形。器身头部两侧开刃，剖面为枣核形；器身后部无刃口，剖面为长方形。

水密隔舱

　　水密隔舱是用完整的横舱壁将船体内部分隔成一个个相互独立的密封舱区，可以提高船体强度和抗沉性，大大降低了远洋航行的风险。考古资料证明，水密隔舱至迟在唐代已经出现，远远早于欧洲在18世纪末对此技术的应用。作为中国独创的造船技术发明，水密隔舱是中华民族对世界造船业与远洋航海探索的重要贡献。

13

水密隔舱解剖古船（模型）

Sectional view of watertight compartment (model)

长：103cm 宽：18.5cm 高：123cm
江苏如皋出土
中国航海博物馆藏

　　江苏如皋唐代木船于1973年在江苏如皋县蒲西乡的农业生产中被发现。船体细长，用三段木料榫合而成。首尾较狭，船底横断面呈圆弧形。该船型瘦长，船板又不厚重，是一种适宜于江河中行驶的快速运输船。船内共有9道水密隔舱，可使该船因触礁或碰撞致使某一舱室破损时，不会牵连邻舱，从而保障全船的安全。江苏如皋唐代木船是目前考古发现最早的水密隔舱船舶之一，对世界造船史意义重大。

14

Ship of Kentoshi
(model)

遣唐使船（模型）

长：163cm 宽：53cm 高：134cm
中国航海博物馆藏

　　日本遣唐使所乘船只，建造者和驾驶者大都是唐人，属于典型的唐船。一般长30米，宽7—8米，两张帆，平底箱形，建造时几乎不用钉子，而是用平板接合而成。唐朝时期，中日两国多从水路进行经济、文化交流。日本前往中国的航线主要分南北两条，北道航线由日本博多港出发，一路沿海航行，经朝鲜半岛、辽东半岛，横渡大海抵达登州；南道航线亦从博多港出发，先到五岛，经屋久岛再到奄美大岛，然后西行，横渡东海，从扬子江口驶入扬州港，沿运河到达唐都长安。

日本遣唐使简表

到扬时间	船数	人数	主要使者	随行人员
大足元年 (公元701年，日本大宝元年)			第七次遣唐执节使粟田真人、代大使坂合部大分、副使巨势邑治	学问僧：道慈等
开元五年 (公元717年，日本养老元年)	4	557	第八次遣唐押使多治比县守、大使半山守、副使藤原马养	学问僧：玄昉 留学生：吉备真备、大和长冈、阿倍仲麻吕等
开元二十一年 (公元733年，日本天平五年)	4	594	第九次遣唐大使多治比广成、副使中臣名代	学问僧：荣睿、普照、玄朗、玄法等
天宝十一年 (公元752年，日本天平胜宝四年)	4	220余	第十次遣唐大使藤原清河、副使大泮古麿、吉备真备	留学生藤原刷雄、膳大丘及学问僧等
乾元二年 (公元759年，日本天平宝字三年)	1	99	第十一次迎入唐大使高元度	录事：羽栗翔等
大历十二年 (公元777年，日本宝龟八年)	4	500余	第十二次遣唐大使事小野石根、副使大神末足	判官：海上 录事：毛野大川等
大历十四年 (公元779年，日本宝龟十年)	2		第十三次唐客大使布势清直	判官：甘南备清野等
贞元二十年 (公元804年，日本延历二十三年)	4	500余	第十四次遣唐大使藤原葛野麿、副使石川道益	学问僧：空海、最澄、义真 留学生：橘逸势、丹福成等
开成三年 (公元838年，日本承和五年)	3	511	第十五次遣唐大使藤原常嗣	学问僧：圆仁、常晓、城明、义澄、圆行、圆载、仁好、惟正、惟晓 留学生：丁雄满、伴始满等

数据统计来源于南京市文化和旅游局、南京市海上丝绸之路遗产研究中心、南京大学文化与自然遗产研究所编著：《江海扬帆辟丝路：江苏海上丝绸之路研究》。

轮桨是世界船舶推进发展史上的重大创新，将原本桨直线、间歇、往复的运动，变为圆周、连续、旋转的运动。东晋时期，人们将轮桨安装在船舶上，创造出车船。中国发明创造的车船要比西方早一千多年，是世界最早的轮船。

⑮

23轮车船（模型）

23-paddler ship (model)

长：190cm 宽：35cm 高：71cm
中国航海博物馆藏

宋代23轮车船是在唐代4轮车船的基础上发展而来的，其左右船舷各有11个车轮桨，船尾有一尾车轮桨，共23轮桨。23轮车船在宋金采石之战中发挥重要作用。宋军凭借此船大破金军，取得战役胜利。

车船把桨的间歇推进方式发展到车轮运转的连续推进方式，减少了船员劳动强度。23轮车船为平底船，舱室面积较大，可容纳多人脚踩踏板以提供动力。该船在操纵时，船工站立用身体的力量将脚踏板压下，连续踩踏使轮轴连续转动，从而翻动水轮。转动轮可以正转亦可反转，这样在战争中可以灵活地前进或后退。

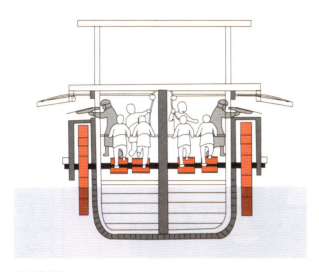

车船操作图

**Stern scull
(copy)**

尾橹（复制件）

汉（前206—220年）
长：388cm 宽：25cm 高：7cm
中国航海博物馆藏

橹是中国古代木帆船常用的船舶推进工具。橹的连续推进方式科学有力，比桨效率更高，作为辅助工具与风帆长期并存，极大提升了船只航行的速度。

橹是船舶推进工具。橹比桨有更高的效率，它可以左右摇动，连续做功。橹的出现应不晚于汉代。汉代《释名》说："在旁曰橹。橹，旅也，用旅力然后舟行也。"在旁，指橹安装与操作位置。旅力指以腰部为主并带动全身的力气以推动舟船前进。橹是船舶推进工具根本性的改革，是中国对船舶动力学和世界航海技术的一大贡献。

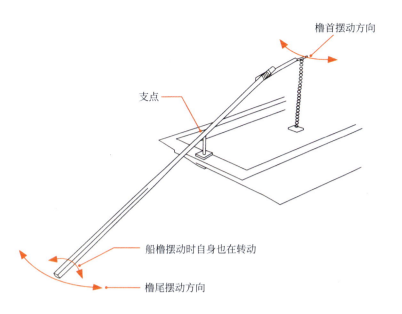

櫓首摆动方向

支点

船橹摆动时自身也在转动

橹尾摆动方向

人们行船时，将橹板没于水中，摇橹人通过左右连续摇橹产生持续的推力，使船前行；也可以通过调整橹板入水的角度来改变船航行方向。

櫓的受力运动轨迹示意图

橹主要由橹板、橹柄、二壮及橹索构成。与桨相比，橹有更高的效率，其操作阻力小而升力大，因而中国自古就有"一橹三桨"的说法。

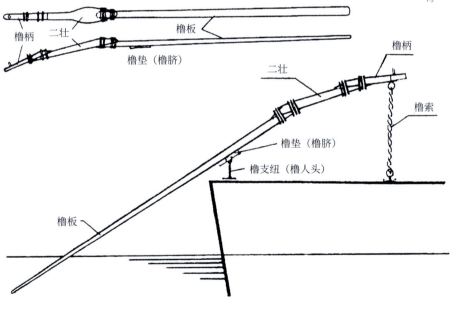

櫓柄
二壮
橹板
橹垫（橹脐）

二壮
橹柄
橹索
橹垫（橹脐）
橹支纽（橹人头）
橹板

櫓的结构示意图

船帆是船只行驶的主要动力转化工具，是利用风力航行的核心结构装置。中国船帆多为"活帆"，可根据不同航向和风向的实际情况来转动船帆，使风帆处于最佳位置。西洋的横帆只能单面受风，而中国的纵帆可以两面受风，优势明显。

17

《唐代行船图》（复制件）

Fresco of Sailing Boats in the Tang Dynasty (copy)

唐（618—907年）
长：250cm 宽：125cm
中国航海博物馆藏

敦煌莫高窟45窟中壁画，主要讲述一群撑篙、摇橹的船夫在海上与妖魔搏斗，得到观音解救的故事。画中的船上有一桅一帆，桅杆顶部清楚地画出五级挂帆扣，以示该船可根据风力随时调整速度，这在敦煌石窟所有舟船图像中是绝无仅有的。

Sail of large junk
(model)

沙船帆（模型）

长：102cm 高：268cm
中国航海博物馆藏

沙船船帆大多为平衡斜桁四角帆。该形制船帆的最大特征是用竹条间隔均匀地横置在帆幕上，竹条两端固定在帆幕左右两侧的绳索上，从衡桁向下依次悬吊，构成一个升降便捷的帆架结构。帆幕用绳索编结在每根竹条和帆架的周边，这样可使帆幕较为平整，可以得到最佳的风效。

平衡斜桁四角帆可利用逆风使船前进。在确定风角的情况下，帆角可以通过船舶转向来调节航向角，使帆面获得理想的风力，这就是调戗驶帆的基本原理。中国风帆可巧驶八面风，可开顶风船，巧妙利用调帆的角度与舵的配合，采用"之"字形方法开船。平衡斜桁四角帆是人类科学利用风力形成船舶动力的优秀设计，使中国帆船在12世纪初便可以行驶八面风，而西方直到16世纪才达到这一水平。

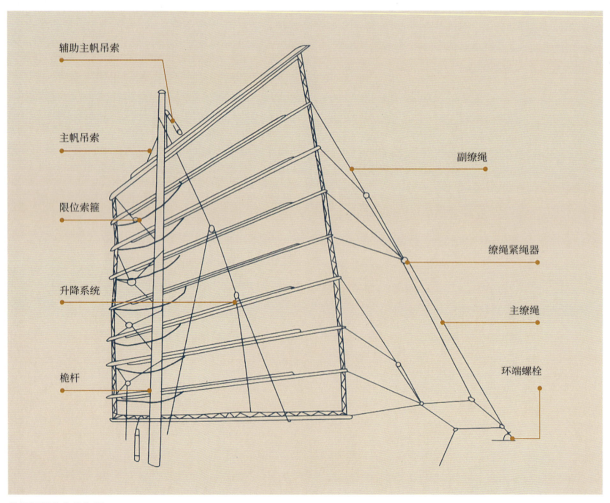

沙船船帆结构名称图

19

Flower-petal-edged bronze
mirror with pattern of
sea and ship

海舶纹菱花铜镜

金（1115—1234年）
直径：17.3cm
中国航海博物馆藏

镜面刻画了一艘在惊涛骇浪中前行的船只，它属于单桅帆船，船身两侧有四道篷索，从不同方向对桅杆进行加固，单片狭长的船帆已在风中张满，船身部分则简单地以两道线条勾勒出木板构造。

舵是操纵船舶航行的重要工具，起到控制方向的作用。中国是最早发明船尾舵的国家，西汉时期的木船模型上可见舵的实物证据。隋唐以后，舵的式样不断改进，出现了平衡舵、开孔舵等先进舵型。

20

Bronze drum with ship pattern

船纹铜鼓

汉（前206—220年）
直径：64cm 高：46.5cm
云南石寨山出土
中国航海博物馆藏

鼓面中央有14角光芒的太阳纹，并夹以复线三角形纹，其中有连续的圆涡纹一周。通体多处绘有多种几何图案，腰部则有羽人划舟的纹饰。船纹中的船身窄长，两端高翘，船首尾饰有鹬鸟。船上有多人，同向而坐，船首一人手执羽杖，其余人持桨划船，船尾有一人持尾梢，是一种特殊的桨形舵，可以控制船舶行船方向。无独有偶，1919年出土于云南广南阿章寨的汉代铜鼓及1983年广州西汉南越王墓中出土的汉代铜提桶中均有类似的船纹饰，体现了汉代中国南方少数民族的高超造船技术和悠久的舟船文明。

Pottery ship
(copy)

陶船（复制件）

东汉（25—220年）
长：60cm 宽：18.5cm 高：19cm
中国航海博物馆藏

本船船体呈长方形，船身中间宽，首尾狭，为平底船；船首两侧各设三个桨架，为船桨划拨的依托。船上分三个舱室：前舱整体呈长方形，低矮而宽阔，中间覆一弧形芦苇质顶棚跨越左右两舷，舱体占有较大面积；中间舱体比前舱稍高，上覆一微微凸起的圆形苇棚，两侧各设一门；后舱为舵楼，又称"望楼"，为掌舵而专设的舱室。该船的船头有十字形船锚，从结构上来看应为木石混合的锚；船的尾部有舵，舵面上部开一孔，应为系绳所留，用来升降控制舵的入水高度；船上有六人，形态各异。该船同时出现了早期的舵与木石锚，其尾舵比欧洲德国出土船舵早了1000多年，是中国古代发达航海技术最重要的见证。

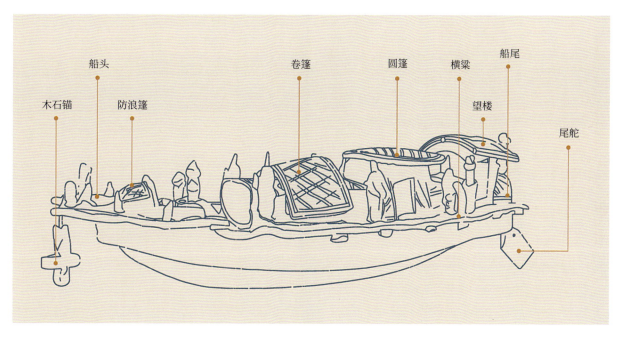

木石锚　防浪篷　船头　卷篷　圆篷　横梁　望楼　船尾　尾舵

东汉陶船结构图

船舶作为水上运载工具，要有行有止，行船时依靠自然界风力和人力摇动的桨、橹，止船时要靠各种锚泊工具。中国古代代表性锚泊工具有石碇、木碇、木石锚及铁锚等。

Stone anchor

石碇

南宋（1127—1279年）
长：194cm 宽：26.5cm 高：18cm
中国航海博物馆藏

石碇呈长条形，中间宽厚，两侧渐窄，中段两侧有凹槽，表面附着白色贝壳类海生动物凝结物，为海里打捞出水的文物。石碇是中国古代重要的泊船工具之一。中国古人早期将绳索系于石碇上，然后投入水中，利用石碇的重量拖住船身，以此达到停船目的。在悠久璀璨的中国古代造船史上，船舶停泊工具得以不断发展，起先是石碇，继而出现木石锚及木碇，再后则使用铁锚。

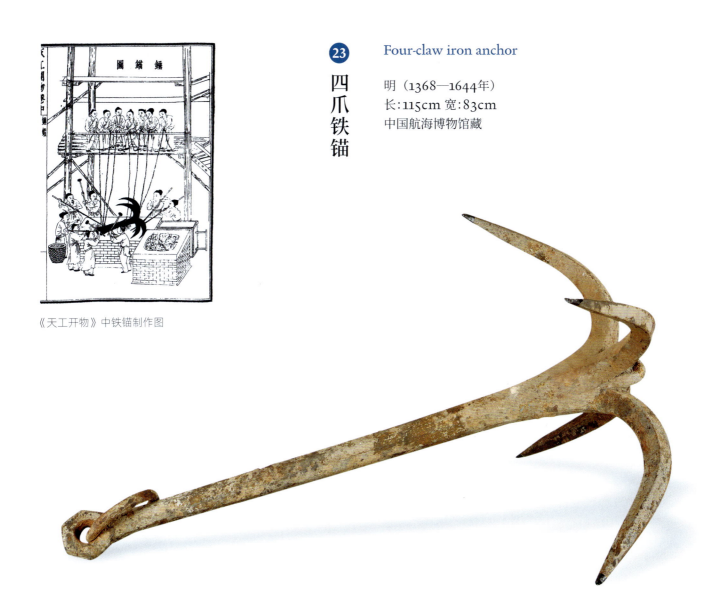

《天工开物》中铁锚制作图

23 **Four-claw iron anchor**

四
爪
铁
锚

明（1368—1644年）
长：115cm 宽：83cm
中国航海博物馆藏

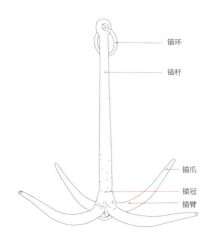

锚环

锚杆

锚爪

锚冠

锚臂

明代四爪铁锚结构图

该锚分为锚环、锚杆、锚冠和锚爪四部分，由铁锭、铁条锤炼而成。明代铁锚是将熟铁加温后锤炼而成的，上下浑然一体，追求其坚固。锤炼方法是先将铁锚四爪锤炼成型，然后逐节相接。锻接的要求很高，一人用"合药"施撒，一人捶打。在明清大船中，往往用数件铁锚，一般情况下采用头锚和梢锚。梢锚有特别用处，当前面的船只停住，恐怕本船顺流撞击前船就可以放下船尾的梢锚，起减速作用，类似于车闸。

四爪铁锚是中国独创的系泊工具。四爪铁锚必定有两只锚爪同时抓泥，这是它的优点，因而被外国船引用，日本称这种锚为"唐人锚"。

宝山烽堠碑拓片（复制件）

24 Rubbing of Baoshan Beacon stone tablet (copy)

明（1368—1644年）
长：162cm 宽：95cm
中国航海博物馆藏

上海地处长江三角洲上，一望平川，明代初年，在清浦（今高桥）镇旱寨沿江平地垒筑土山，上建烽堠，作为长江口来往船舶的航标。建成后，明成祖朱棣亲自撰文，赐名"宝山"，并勒石立碑，其碑至今尚存。

此碑额书小篆"御制"二字，左右两侧各有一飞龙，腾于云中，造型逼真。碑文楷书17行，共350字，字迹略有残破。该碑对考明代筑城防倭、海运导航等方面具有重要的历史价值。

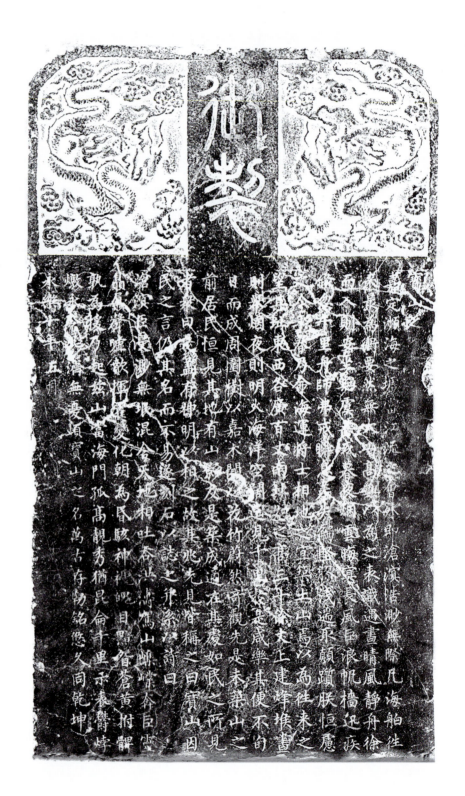

海上航行，古人昼观日影、夜观天象，遇到阴晦天气则使用指南针辨别方向。北宋初年出现的指南针是中国的四大发明之一，被广泛用于航海，其传到海外，对世界航海的发展起到了革命性的作用。

Wooden sun-and moon-dial

木质日月晷

清（1644—1912年）
长：7.8cm 宽：6.4cm 高：8.4cm
中国航海博物馆藏

该晷呈长方形盒状，由可以开合的盖和基座两部分组成，盖下为日晷，盖上为月晷。使用时月晷也要打开一定角度面向北天极。只是此月晷的"时引"在午时正刻，这样会导致时盘的"月影"方向而不是月亮方向指示时刻，所以转动月引时需用侧环一端对准月亮，反方向的指针指示时刻。

日月晷是古人依据相关原理发明的测时仪器。日晷由于与日常使用的"太阳时"直接联系，而且结构简单、读取方便，得到广泛流传。日晷只能在白天使用，为了弥补此缺陷，人们又设计了月晷。

与日晷相比，月晷和星晷的结构比较复杂，原理略显深奥，而且需要动手操作才能读取时间，因此流传不广，存世实物很少。

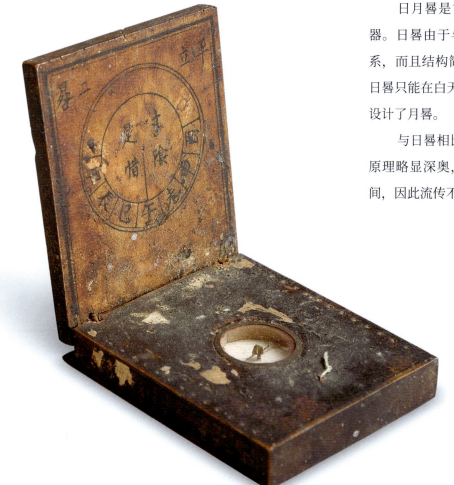

26

"Zheng Hong Yuan"
wooden marine compass

清（1644—1912年）
直径：10cm 高：6.4cm
中国航海博物馆藏

『正鸿源』木质航海罗盘

罗盘木质带盖，盖中央刻"正鸿源"字样，似为罗盘制作坊名。罗盘中央天池磁针缺失，盘身开裂。盘上有十二地支、十天干中八天干和八卦中代表四维的"乾、坤、艮、巽"组成一圈24方位指向，为典型的航海罗盘样式。

航海罗盘在中国古代称为指南针、浮针等，由一根指南的针和中央挖空的刻度盘组成。航海罗盘脱胎于堪舆罗盘，采用堪舆罗盘中最简易、最基本的一种布局，即24方位布局。早期的航海罗盘大多为水罗盘，它是指在承针器中装水、将针浮在水面上用于指南的罗盘，宋元明时期用的就是这种水罗盘。但使用水罗盘终究不便，于是出现了旱罗盘。旱罗盘自明嘉靖朝后，逐渐取代水罗盘，至清代，火长们大多用旱罗盘来进行航海导航。

Wooden sundial compass

27

木质日晷罗盘

民国（1912—1949年）
长：17.5cm 宽：5.5cm 高：6.2cm
中国航海博物馆藏

罗盘呈长方形盒状，两端均有上翘并刻划天干地支的日晷，中间则为罗盘，盘中央天池有磁针一枚，表面刻有天干地支。该罗盘制造精美，将日晷与罗盘巧妙结合，十分难得。

日晷作为一种历史悠久的计时工具，其原理是根据在阳光下表影方向随时间而变化的规律来测定时间。一般来说由晷表和晷面组成。阳光投射于晷表，其背后就能产生投影。晷表可以是由各种材料制作而成的针、杆、线、板等。表中直接形成影子的部分，即表的边缘或顶面，称为"晷针"。针是表的一部分，一个日晷一般只有一个表，但可以有两个针，当然有的时候表直接就是针。晷面是晷表投影形成之处，上面都有刻度线。晷针应与地轴平行，指向北天极。

中国明朝即已出现的"更路簿""海道针经""针路簿",是专门记述航线行经、海区和港口概况的航行经验指南,是中国独特的航海文化遗产,不仅为船员后人保存前辈的航海经验,也为船员舵工乃至优秀火长的长成提供尽可能全面的理论基础。

该《针路簿》为包被装,酱黑色封皮,残损。内中册页为红线竖排格,共70页,左册页夹缝下缘印"德春"红章。《针路簿》内容为手写楷体,约两万字,撰述了宁波至海南的国内航路经行、部分航线的山形水势,以及潮水、风向、节气等内容,为传统针经书写格式,封底墨书"道光辛卯年六月置"字样。

按所载内容来分,该《针路簿》共包括针路、山形水势和天文水文等行船注意要素三大部分,对道光时期山形水势的描述比较详细,具有重要的历史地理研究价值。

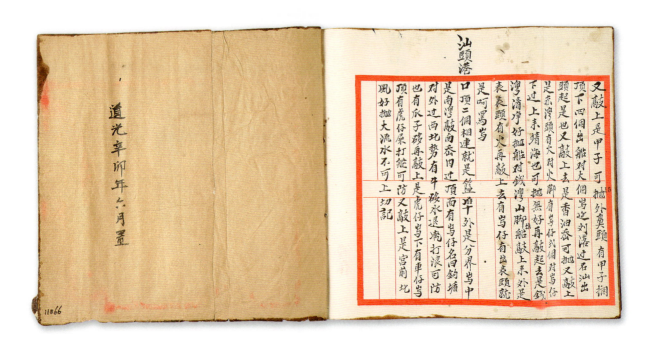

31

《针路簿》

Book of sailing courses

民国（1912—1949年）
长：23.6cm 宽：14.8cm
中国航海博物馆藏

本《针路簿》航线记载方式不同于《道光针路簿》"用某某针，某某更，某某地"格式，而是采用"某地共某地为某（针）对"的书写方式，记载了中国沿海的山形水势。

《两种海道针经》

Two Charts of Sea Routes

20世纪
长：19cm 宽：13cm
中国航海博物馆藏

本书收录了向达在牛津大学抄录的《顺风相送》与《指南正法》两本书籍。《顺风相送》与《指南正法》均为中国古代著名的航海导航著作。《顺风相送》成书于16世纪末叶，《指南正法》成书于17世纪中叶。

《顺风相送》收录了127则航海气象观测、航行用针情况及国内外航路岛礁信息，具体内容包括航海气象、潮水观测方法，行船更数、定风用针等航行技术，各州府山形水势、航路沿线各海域情况说明，并详细记述各处往返针路等情况。《指南正法》收录了87则气象观测、航行用针情况及东西洋岛礁航路信息，具体内容包括定针风云的方法，逐月水消水涨时候的记录，航行用针、船行更数的操作技术，此外还详细记录东西洋航线及沿途岛礁、海域水深等来回海道的山形水势等情况。

33

Chart of Sea Routes

《海道图说》

清光绪（1875—1908年）

长：27.8cm 宽：17cm

中国航海博物馆藏

英国人金·约翰编辑，傅兰雅翻译的地理著作。该书共15卷，附长江图说一卷。《海道图说》由傅兰雅口译，《长江图说》由金楷理译，王德均笔述，蔡锡龄校字，江南制造局出版。该书不仅记录了中国沿海的航道、港湾、锚地及岛礁的情况，还记录了辽河、海河、长江、珠江等主要江河的航道、沙洲、沉船等碍航物的历年测绘情况。

《海道图说》还有一个特点是其范围不仅涵盖中国海域，而且有大量篇幅涉及日本和朝鲜，特别是有关日本的内容占了约六分之一的篇幅。但全书没有附图，只有文字叙述。

34 《筹海图编》

Illustrated Book on Coastal Defense

明（1368—1644年）
长：29cm 宽：18cm
中国航海博物馆藏

明代嘉靖年间胡宗宪、郑若曾编写的军事性著作。全书十三卷，图文并茂，叙说详尽。卷一为舆地全图与沿海各省山沙图；卷二记载日本相关的内容，另附日本国图一幅；卷三至卷七分为广东、福建、浙江、南直隶、山东等省抗倭剿寇事宜；卷八包括《嘉靖以来倭夷入寇总编年表》《寇踪分合始末图谱》；卷九为明初至嘉靖时期历次抗倭大捷，首次列举出中国沿海及日本地图、日本事略等；卷十为抗倭战争中的遇难殉节考；卷十一至卷十三为《经略》，其中卷十一、十二辑录当时朝野有关倭患的各类奏疏、策论，卷十三则绘录了各类当时使用的火器、军械、海船图。

《筹海图编》在明代即以其经世价值而名世，收录其中的沿海海防图及日本国图、倭寇事略、救时策论、火器图与兵船图，皆不同程度地为此后相关典籍所征引。时至今日，《筹海图编》是研究古代中日交通、中日关系的重要资料。

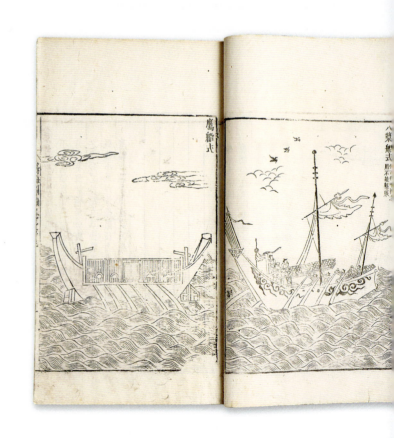

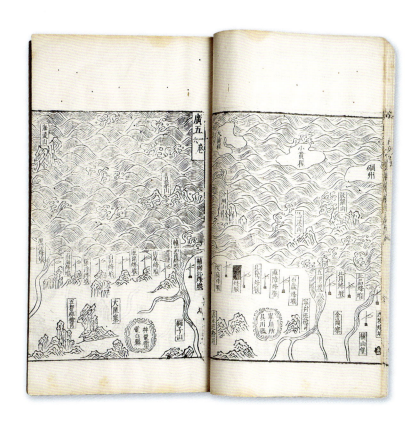

35

Explanation on Ancient Nautical Charts

《古航海图考释》

20世纪
长：26.5cm 宽：25cm
中国航海博物馆藏

　　该书收录古航海图69幅，北起辽东湾，南达广东洋面，包括中国大陆边缘大部分近岸航线。图中有山形水势、岛屿暗礁、港湾城镇、罗盘方位等。注记为方言土语，作者对各图进行了细致考释。图文相佐，可为初识航海之人识别航海针路，获得航海经验提供助力。

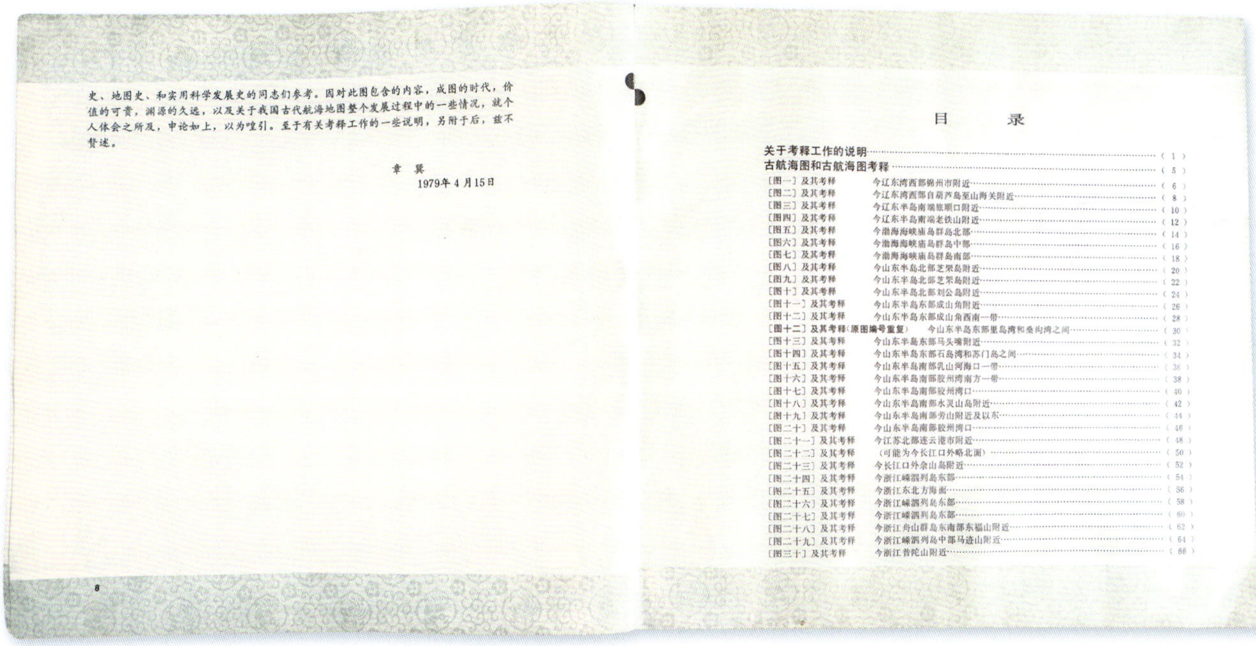

史、地图史、和实用科学发展史的同志们参考。因对此图包含的内容，成图的时代，价值的可贵，渊源的久远，以及关于我国古代航海地图整个发展过程中的一些情况，就个人体会之所及，申论如上，以为喤引。至于有关考释工作的一些说明，另附于后，兹不赘述。

章 巽

1979年 4 月15日

目　　录

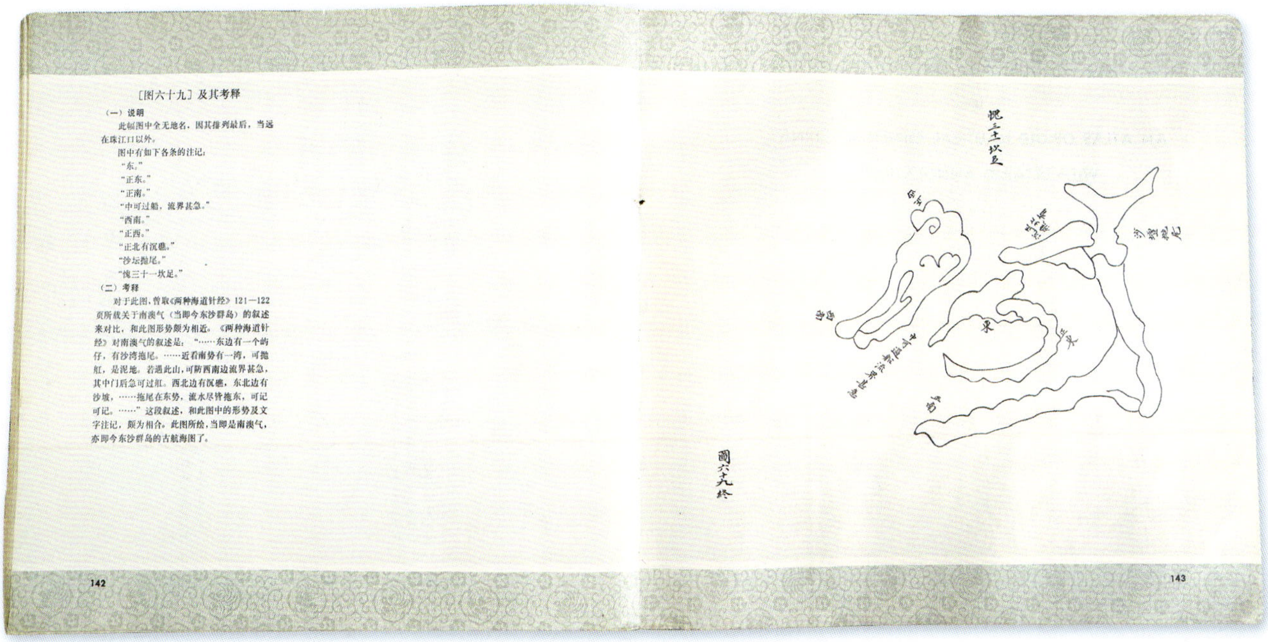

［图六十九］及其考释

（一）说明

此幅图中全无地名，因其排列最后，当远在珠江口以外。

图中有如下各条的注记：

“东。”

“正东。”

“正南。”

“中可过船，流界甚急。”

“西南。”

“正西。”

“正北有沉礁。”

“沙坛拋尾。”

“愧三十一坎足。”

（二）考释

对于此图，曾取《两种海道针经》121—122页所载关于南澳气（当即今东沙群岛）的叙述来对比，和此图形势颇为相近。《两种海道针经》对南澳气的叙述是：“……东边有一个屿仔，有沙湾拖尾。……近看南势有一湾，可抛舡，是泥地。若遇此山，可防西南边流界甚急，其中门后急可过舡。西北边有沉礁，东北边有沙坡，……拖尾在东势，流水尽皆拖东，可记可记。……”这段叙述，和此图中的形势及文字注记，颇为相合。此图所绘，当即是南澳气，亦即今东沙群岛的古航海图了。

船行万域

中华民族是世界上较早掌握舟楫驾驭能力的民族，借助舟楫之力，区域间人员和货物往来得以更为便利地进行。从江河航道到远洋深海，中国船舶行经四方，适配各地水域环境的多样船型，连缀出中华水运波澜壮阔的发展历程，不仅完成运载沟通、捕捞收获的济民使命，更带动了河海两岸的繁华和港埠城市的崛起，串联起万域繁荣。

VOYAGES AROUND THE WORLD

The Chinese nation is among the earliest in the world with mastery of navigational skills, and ships facilitated the flows of people and goods across different regions. From inland waterways to boundless oceans, Chinese ships sailed around the world. The diverse types of vessel adaptive to local water conditions joined together the gorgeous Chinese maritime history, shouldered the mission of transportation, communication and fishery for livelihood, and drove the boom of harbors and cities along the rivers and seacoasts, bring prosperity to countless areas.

京杭大运河是贯通南北的重要黄金水道，也是漕运的重要运输路线。明朝京杭大运河全线贯通，中国舟船在发达的水运交通催动下快速发展，各式船舶穿梭于运河中，成为运河经济的重要载体，带来运河沿岸都市的繁荣。

36

汴河客船（模型）

Passenger ship on the Bian River
(model)

长：132cm 宽：29cm 高：83cm
中国航海博物馆藏

根据清院本《清明上河图》中的客船船型制作而成。客船总体较为宽大，行驶平稳。全船满设客舱，有可供客人行走的走道。客船船舷两侧都有相当大的窗子，通风采光十分充足，遇到风雨天还可以用木板窗遮挡风雨。船尾处向后延伸，增加了甲板和舱室的面积。值得一提的是，该船设有平衡舵。平衡舵转动时较为稳定，控制较为省力。在舵叶上设孔，穿绳链与升舵绞车相连，深

水航道时降下舵叶，最大程度地发挥舵的效能；浅水航道或河道复杂时，船身吃水受限，为保护舵叶，可升高船舵。

汴河客船是当时最具代表性的内河船型。其设计的先进性在当时的世界航运中处于领先地位，尤其是可升降平衡舵的使用。在当时西方国家尚未使用最初的船尾舵情况下，中国尾舵已经发展到一个新高度。

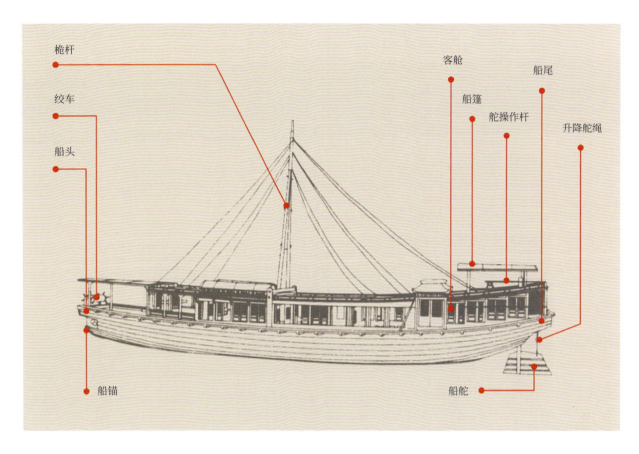

桅杆

绞车

船头

客舱

船篷

舵操作杆

船尾

升降舵绳

船锚

船舵

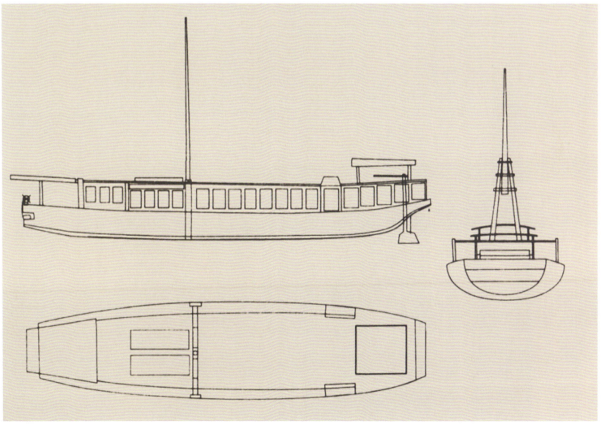

汴河客船结构图

Grain carrier on the Beijing-Hangzhou Canal (model)

37

京杭运河漕船 （模型）

长：208cm 宽：42cm 高：175cm
中国航海博物馆藏

　　漕船是专门负责运送漕粮的舟船，又称为粮船或运船。元、明、清政治中心位于北方，各地粮饷、俸禄及宫廷消费主要通过水路运至都城。京杭运河漕船即此用之船。

　　漕船为内河平底船，吃水不深，载重量大，运输方便快捷，适合于曲折迂回的北方河道，能够穿越宽窄深浅不一的河床。漕船是明代漕运运输的主力，一般载重量为四百料，船上配备约十数名运军，以确保漕粮运输安全。

明永乐至正德年间漕粮数额统计表

永乐十九年（1421）	3543194 石
宣德六年（I431）	5488800 石
正统六年（1441）	4200000 石
景泰二年（1451）	4235000 石
天顺五年（1461）	4350000 石
成化七年（1471）	3350000 石
成化十七年（1481）	3700000 石
弘治六年（1493）	4009000 石
正德六年（1511）	4000000 石
正德十六年（1521）	4000000 石

数据统计来源于高春平、李梓萱：《试论明清漕粮由河运转向海运及其启示》。

38

《登坛必究：漕运卷》

Secrets to Be a Marshall: Volume of
Waterway Transportation of Grain

明万历（1573—1620年）
长：30.4cm 宽：17.5cm
中国航海博物馆藏

　　《登坛必究》为明代王鹤鸣编
著的古代军事巨著，共40卷，分
72类，共一百余万字，附图多达
几百余幅，内容按照天、地、人三
才之道的顺序分为天文、地理、制
度、谋略、边防、后勤、阵图、海
陆边防、大江守备、攻守城池、阵
法布列、舰船器械、人马医护、河
海运输以及文臣武将关于兵事奏议
等，广搜博取，格局广大。此书是
一部图文并茂的古代军事巨著，辑
录了自周秦到明朝中叶有关军事的
许多重要资料，并加整理和解说。

　　《登坛必究：漕运卷》为该书
第三十一卷，主要内容涉及大运河
航道、漕运及海运等，为研究古代
漕运历史提供了丰富的研究资料。

登壇必究 漕運卷

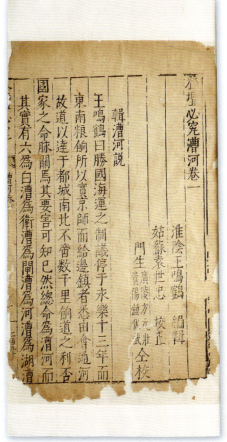

登壇必究漕河卷一

淮陰王鳴鶴編輯

姑蘇袁世忠校正

門生廣陵方元非武全校

韓漕河說

王鳴鶴曰勝國海運之制議停于永樂十三年而

東南粮餉所以實京師而給邊鎮者悉由會通河

故道以達于都城南北不啻數千里餉道之利否

國家之命脉關焉其要害可知已然總命爲漕河而

其實有六爲白漕爲衛漕爲閘漕爲河漕爲湖漕

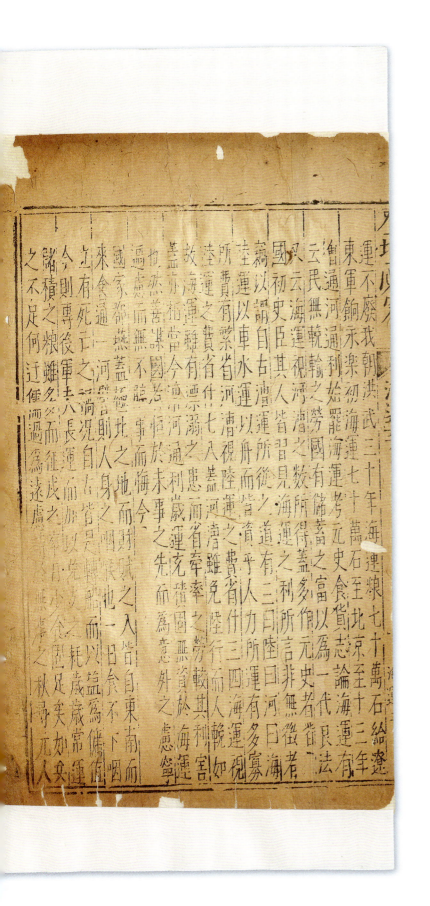

運不廢我朝洪武三十年海運粮七十萬石給遼

東軍餉永樂初海運七十三年會通河通利始罷海運考

元史食貨志論海運有儲蓄之富以爲一代良法

國初云史臣其人皆得見海運所得蓋海運雖有漂溺

云民無輓輸之勞而海運視河漕視陸運之費省什七八蓋

所費有繁省之異河漕視陸運雖省而較其利害則

竊以史臣爲不然何者蓋國家都燕而漕粟於東南其

蓋海運都燕而財賦盡於東南而運道有三曰海運

過處之地而財賦之入皆自東南而來會通一河漕運

故有車水河運所以爲意外之慮寧

雖皆是輓而以鹽爲傭運而以糧爲遠慮

來會合於京師而以鹽爲常運

左右死正而征戍之畜之恒積而不足何迁僱而過爲遠慮

今則專後軍士八長運而加以先之斗斛之耗歲歲常有

之不足何迁僱而過爲遠慮之秋尋无人

Outline of the Topographical Features of Rivers and Seas

《水道提纲》

清光绪四年（1878年）
长：26cm 宽：16.5cm
中国航海博物馆藏

清乾隆年间齐召南编纂的地理学著作，共分28卷，三十多万字。本书内容丰富，结构严密，叙事简洁精当，井然有条。运河则分著于第四、七、十五等卷中。

该书系统记录了当时全国范围内的江河湖泊，以及入海口与沿海岛屿，为了解研究清朝乾隆时期全国水道情况提供了重要的历史资料。

《中衢一勺》

On Thoroughfare Channels

清（1644—1912年）
长：25.1cm 宽：16.6cm
中国航海博物馆藏

《中衢一勺》是清代包世臣编写的论述河、漕、盐三事的专著，共七卷，分为三卷及附录四卷。包世臣在书中认为河、漕、盐看似三事，实为一理，且相互关联。他有"漕难于盐，河难于漕"的观点，"河，治水事也，水有利有害，能去水害者，在能收水利。漕为惟正之供，什一而征，法自前古。盐之起也，命曰海王，固以佐军国所不及，而纾沾体涂足者之困"。

包世臣所处的时代正值清嘉庆至咸丰年间，彼时清王朝弊政丛生，在漕运、盐务及河政上问题尤为突出。他所著述的《中衢一勺》等书籍，以"经世致用"的思想提出改革方案，对当时治理漕运、盐务及河政有一定指导作用。

长江、黄河与珠江是横贯中国东西的重要水道，分布着众多城市和人口。航行在长江、黄河、珠江的货船与渔船是两岸居民进行贸易往来、互通有无的重要工具，其形态往往因地制宜，具有鲜明的地域特色。

41

Sand carrier on the Yellow River (model)

黄河沙船（模型）

长：205cm 宽：52cm 高：157cm
中国航海博物馆藏

黄河沙船是一种航行于黄河流域的平底船。该沙船设有两根桅杆，中间为主桅，稍前的为首桅，用来加强驶风能力。黄河沙船多行驶在北方浅水水域，故多用升降舵，遇浅水时提起，遇深水时可将舵放到船底线之下，免除船体尾流效应。

42

《镇江到武汉长江河道图》

Chart of the Yangtze River Channels from Zhenjiang to Wuhan

清（1644—1912年）
长：735cm 宽：44.5cm
中国航海博物馆藏

　　图卷绘制精美，图文详实，详细记录了镇江到武汉之间的长江水道、山川、岛屿、滩涂、州县、卫所、营、汛等地理分布状况。

　　长江是中国重要的黄金水道，拥有漫长的江道，横贯东西，促进了各地间经济、文化交流。此图清晰呈现出清朝长江中下游河道及地形情况，不仅对当时长江航运具有一定指导作用，更为后世研究清代长江航运史提供珍贵的图文资料。

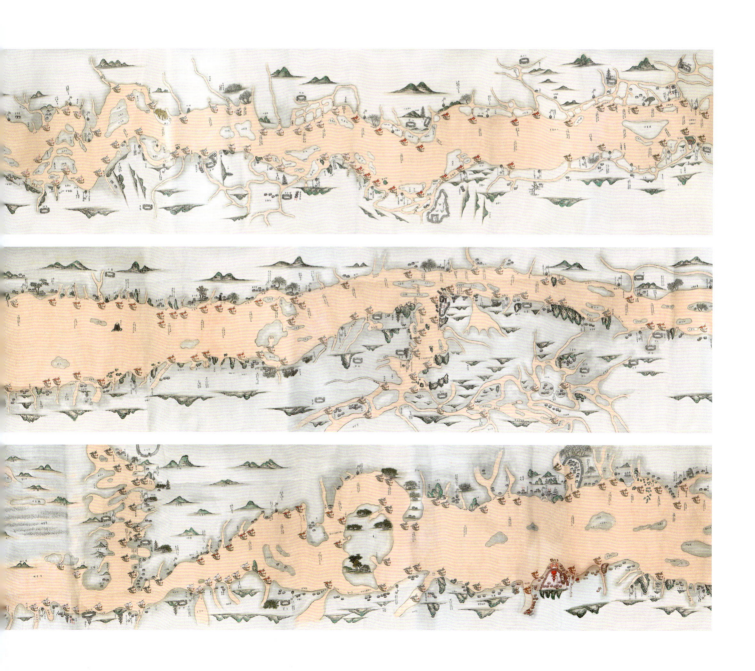

43

太湖七扇子（模型）

Seven-mast sailboat on Taihu Lake (model)

长：170cm 宽：40cm 高：101cm
中国航海博物馆藏

太湖七扇子为太湖大渔船之一，为拖网类渔船，属于沙船型，船体狭长，舱浅，平稳抗浪，靠风行驶。从船头至船尾分设有招樯、头樯、大樯（亦称主樯）、二樯、七樯、四樯和小樯共七桅，当船上七桅同时挂上篷帆时，远望如一把打开的苏式折扇，俗称"七扇子"。船的两侧各悬挂两块披水板，以减少船向下风方向横漂，增大船的直线稳定性。

太湖七扇子来历颇具传奇色彩，据史志记述，岳飞军队曾驻守太湖与金兵交战，所用战船后来改制成七桅七帆的渔船。时至今日，太湖大船渔民普遍信仰岳飞，太湖中央平台山岛的禹王庙内，曾专门供奉岳飞塑像，部分渔民更自称岳家军后裔，在婚礼时有单独请"南元帅"（即岳飞元帅）的仪式。

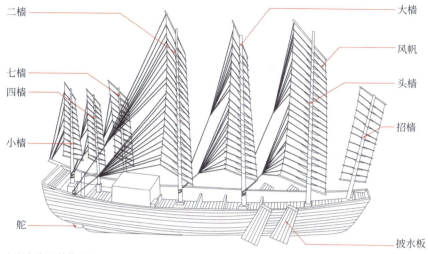

二檣　　　　　　　大檣
七檣　　　　　　　风帆
四檣　　　　　　　头檣
小檣　　　　　　　招檣
舵　　　　　　　　披水板

太湖七扇子结构图

古代海上丝绸之路是连接中外贸易的重要纽带。古老的贸易路线上活跃着各式中国帆船，舟人们以勇立潮头、敢为人先的精神直面远洋艰险，千帆竞渡，将华彩播撒人间，创造出一个又一个的海丝传奇。宋元以降系列沉船的考古发现，见证了昔日海上丝绸之路贸易的繁盛。

44

Melon ridged celadon porcelain handled ewer

青釉瓜棱执壶

宋（960—1279年）
口径：11.4cm 底径：8.6cm 高：22.1cm
华光礁Ⅰ号沉船出水
中国（海南）南海博物馆藏

壶盘口，瓜棱形腹，圈足。肩部一侧置流，流细长，另一侧置连于颈、肩之间的曲柄，通体施青釉，底部露胎，釉色青中闪白，色泽莹润。华光礁Ⅰ号出水的宋代执壶，在当时主要是用作盛酒器和盛水器，它的品种也非常多，主要有提梁壶、葫芦壶、瓜棱壶、兽首壶、玉壶春壶、扁壶等。

华光礁Ⅰ号出水的瓷器以青白瓷居多，青瓷次之，酱褐釉最少，福建各地窑口的产品居多，也有龙泉窑的，还有部分景德镇的影青，建阳窑的黑瓷、建盏等南方各窑系的瓷器。出水瓷器的器形较多，主要有碗、罐、盘、瓶、碟、钵、盏、军持、粉盒、壶等。器物纹饰的装饰手法主要有刻画、模印、压印、堆贴、雕塑等工艺技术。此外，在一些瓷器的内底和足内，还有许多墨书题记，如"张家""李成""十二"等文字，个别器底还有模印铭文和特殊纹样等。船舱内的瓷器摆放排列有序，且按瓷器种类和器形大小各自码放，未有错置的现象。

45

Gourd-shaped bluish-white-glazed
porcelain handled ewer

青白釉葫芦形执壶

宋（960—1279年）
口径：1.8cm 底径：7.6cm 高：15.9cm
华光礁Ⅰ号沉船出水
中国（海南）南海博物馆藏

壶敛口，葫芦形腹，圈足。肩一侧置连于腹之间的曲柄，腹一侧置细长流，流与腹部有凝结物。通体施青白釉，釉层肥厚，釉面光洁，釉色莹润。该壶是宋代创新型执壶，造型十分奇特，整体给人以玲珑婉转、小巧可人的感觉，在当朝风行一时。

46

Hua Guang Reef-1 shipwreck (model)

华光礁Ⅰ号（模型）

长：107cm 宽：32cm 高：100cm
中国航海博物馆藏

华光礁Ⅰ号为南宋前期沉船，发现于1996年，是中国在远洋海域发现的第一艘古代沉船，也是首次发现的有六层船体构件的古船。沉船船身横断面呈"V"形，采用水密隔舱技术，属远洋福船。

宋代航行于南海的货船，具有"V"形的横剖面配合深吃水，既能保证船舶具有良好的稳性即抗倾覆的能力，又使船舶具有较好的适航性，横风作用下，船舶具有很好的抗漂能力。华光礁Ⅰ号具有稳性好、快速性合适、适航性能优良的特点，承袭了当时出海远洋货船的一贯优良传统。

义窑青白釉刻花葵口碗

Bluish-white-glazed porcelain bowl of Yi kiln with hollyhock-shaped mouth and carved floral pattern

宋（960—1279年）
口径：16.7cm 底径：5.7cm 高：4.8cm
南海海域出水
中国航海博物馆藏

碗葵口，弧腹，圈足。碗内壁刻划花卉纹饰，线条清晰。碗施青白釉，因受海水长期侵蚀，釉光缺失。

闽清义窑位于闽清县东桥镇安仁溪一带，是福建省最重要的青白瓷窑场之一。义窑宋代产品以青白瓷为主，少量酱黑釉、青瓷，均为日常生活用品。器形主要有碗、盘、盖、盒、罐、器盖、炉、盏托、执壶、枕等。闽清义窑烧造的瓷器除满足国内市场需要外，还大量出口到东亚、东南亚等地。近年来出水的华光礁Ⅰ号、南海Ⅰ号及新安沉船等宋元古船中均发现大量闽清义窑瓷器。

Small bean-sauce-glazed porcelain jar of Cizao kiln

磁灶窑酱釉小罐

宋（960—1279年）
口径：1.1cm 底径：3.7cm 高：5.8cm
南海海域出水
中国航海博物馆藏

罐小口，矮颈，丰肩，鼓腹，平底。罐上部施酱釉，下部及底部不施釉，胎灰白色，质地较粗，因长期受海水侵蚀，釉光缺失。

磁灶窑为宋元泉州陶瓷外销的重要窑口之一，地处福建省泉州市晋江市磁灶镇境内。始烧造于南朝后期，至元代止。宋元时期，因毗邻泉州港，便于出口外销，广销至东亚、东南亚等地。近年来出水的华光礁Ⅰ号、南海Ⅰ号等宋代古船中均发现大量磁灶窑瓷器。

49

Bean-sauce-glazed porcelain
bottle of Cizao kiln
with small mouth

磁灶窑酱釉小口瓶

宋（960—1279年）
口径：1.6cm 底径：6.2cm 高：18.7cm
南海海域出水
中国航海博物馆藏

瓶小口，矮颈，丰肩，深腹斜直，平底微内凹。瓶肩上部及口沿处施酱釉，釉层较薄，其他部位不施釉。瓶因长期受海水侵蚀，釉有所缺失。

磁灶窑的瓷器，在釉色上是以酱釉为主，绿釉次之，也有少量的黑釉、青釉。胎体通常颗粒比较粗大，胎质不密实，多数为灰白色或泥黄色。瓷器主要是罐、瓶之类，例如钵、粉盒和军持。装饰技法主要包括模印、堆贴、剔刻、刻划及彩绘，为了满足外销的需求，一些装饰花纹具有异域色彩。器物制造通常以轮制为主，也有模制。军持、执壶往往分段模制，再黏合而成，其中绿釉及釉下彩器物很有特色。

50 **Nan Hai-1 shipwreck (model)**

南海Ⅰ号（模型）

长：108cm 宽：34cm 高：99cm
中国航海博物馆藏

南海Ⅰ号为宋代沉船，发现于广东省阳江海域，采用水密隔舱技术，有13个船舱。该船船头方小，船尾阔大，甲板平敞，船底尖狭。出水文物包括德化窑、磁灶窑、景德镇窑、龙泉窑等30余种宋代名窑产品和一批黄金首饰。

从发现的瓷器看，多为龙泉窑、景德镇窑和德化窑的产品，其起锚的地点可能是泉州港。其船型可能是宋代广为流传的福船型远洋贸易船。

51 Blue and white porcelain plate of Dehua kiln with pattern of glossy ganoderma

德化窑青花灵芝纹盘

清（1644—1912年）
口径：15.2cm 底径：8.9cm 高：2.7cm
泰兴号沉船出水
中国航海博物馆藏

盘敞口，浅弧腹，圈足。盘面装饰似一朵盛开的莲花，内壁饰多层多组开光，外壁饰单层多组开光，花瓣形开光内交替描绘灵芝纹和折枝花卉纹，盘心绘螺旋轮花图案，纹饰疏朗有致，笔法流畅自然。圈足有粘砂，外底略有突出，底部有款识，应为生产时所做的产品记号或者窑号。这些大量使用的商号款和窑场作坊的标记，表现出德化窑外销瓷强烈的商品竞争意识。

灵芝纹是以"仙草"为题材的一种吉祥纹饰，有长寿的美好寓意，明清时代逐渐大量应用在瓷器、画作、螺钿家具等装饰上。泰兴号出水大量灵芝纹瓷器，有碗、盘、杯、碟、匙等。

The Tek Sing shipwreck
(model)

泰兴号（模型）

长：240.5cm 宽：63cm 高：220cm
中国航海博物馆藏

泰兴号为清代沉船，为尖底海船，属闽南福船。泰兴号的首楼设两层甲板，下层甲板上置绞关、祭拜台等；上层甲板主要作为船员瞭望的通道。泰兴号的前桅为篾帆，主桅、尾桅均为布帆。船上有桨四副，其中，主桨二副，副桨二副，均为木桨。船体两侧设若干舷伸平台，用于航行测深、放置修船器材、扩展的操作与活动平台等。

泰兴号于道光二年（1822）从厦门港出发，在西沙触礁沉没。船上载有大量18世纪和19世纪初用于出口亚洲市场的德化青花瓷，以青花盘、碗、粉盒等日用瓷为主。

111

明朝永乐至宣德年间，为宣扬国威，加强与海外诸国文化交往，明朝政府派郑和率领船队七次下西洋。郑和及其船队七下西洋，促进了不同文明的交流互鉴，创造了中国古代航海史最伟大的壮举，揭开了世界大航海时代的序幕。

53 Wooden sitting statue of Zheng He with color-painted and gold-outlined decoration

彩绘描金郑和木坐像

明（1368—1644年）
长：12.2cm 宽：11.4cm 高：21.3cm
中国航海博物馆藏

郑和雕像呈坐姿，头戴官帽，身穿袍服，腰间束带。雕像面如满月，表情慈祥，坐姿端庄，双手手扶座椅。雕像人物衣纹褶皱清晰可见，雕刻技艺十分高超。

郑和，中国明代伟大航海家、外交家。世称"三宝太监"。本姓马，回族，云南晋宁县人。因跟随明成祖朱棣起兵"靖难"有功，被赐姓郑。郑和自永乐三年（1405）至宣德八年（1433），曾奉命率领庞大的远洋船队七次下西洋。船队循南京、太仓、长乐出海，途经占城而直抵东南亚诸国。舟帆所及远达红海与非洲东岸，遍历亚非三十多个国家和地区，与所到地区建立了和平友好关系，进行了物质文化交流，发展了我国与亚非各国互惠互利的贸易，在东南亚各国人民心目中遗念深远，至今东南亚各地仍广泛流传着一些关于郑和的美好传说和文物遗迹。

15—16世纪世界航海活动对照表

名称	时间	国籍	舰队总数	总人数	旗舰尺寸	旗舰排水量	备注
郑和下西洋	1405至1433年	中国	共208艘，其中宝船63艘	27550至28568	船身总长125.65米，总宽50.94米	复原后计算14800吨	到达非洲东岸
迪亚士航行	1487年	葡萄牙					发现非洲南端好望角
哥伦布发现美洲	1492年	西班牙	3	88/90		250吨	1492年10月到达华特林岛至今圣萨尔瓦多
达·伽马发现新航路	1497至1498年	葡萄牙	4	160	接近25米	120吨	1498年10月绕过好望角，到达印度
麦哲伦环球航行	1519至1522年	西班牙	5	265		130	绕过南美洲，1521年3月在菲律宾被杀；次年3月，其下属回到西班牙

表采自郑和下西洋六百周年筹备小组等编：《云帆万里照重洋——纪念郑和下西洋六百周年》

郑和下西洋所到地区简表

次数	时间	所到主要地点
第一次	出发：永乐三年（1405年）十月至十二月 回国：永乐五年（1407年）九月	占城、暹罗、旧港、满剌加、苏门答剌、锡兰、古里
第二次	出发：永乐五年（1407年）冬末或次年春 回国：永乐七年（1409年）夏	占城、暹罗、渤泥、爪哇、满剌加、锡兰、加异勒、柯枝、古里
第三次	出发：永乐七年（1409年）十二月 回国：永乐九年（1411年）六月	占城、暹罗、爪哇、满剌加、阿鲁、苏门答剌、锡兰、甘巴里、小葛兰、柯枝、溜山、古里、忽鲁谟斯
第四次	出发：永乐十一年（1413年） 回国：永乐十三年（1415年）七月	占城、爪哇、古兰丹、彭亨、满剌加、阿鲁、锡兰、柯枝、溜山、古里、木骨都束、忽鲁谟斯、麻林
第五次	出发：永乐十五年（1417年）秋—冬 回国：永乐十七年（1419年）七月	占城、渤泥、爪哇、彭亨、满剌加、锡兰、沙里湾泥、柯枝、古里、木骨都束、卜剌哇、阿丹、剌撒、忽鲁谟斯、麻林
第六次	出发：永乐十九年（1421年）秋 回国：永乐二十年（1422年）八月	占城、暹罗、满剌加、榜葛剌、锡兰、柯枝、溜山、古里、祖法儿、阿丹、剌撒、木骨都束、卜剌哇、忽鲁谟斯
第七次	出发：宣德六年（1431年）十二月 回国：宣德八年（1433年）七月	占城、暹罗、爪哇、满剌加、苏门答剌、榜葛剌、锡兰、小葛兰、加异勒、柯枝、溜山、古里、忽鲁谟斯、祖法儿、阿丹、剌撒、天方、木骨都束、卜剌哇、竹步

表采自郑和下西洋六百周年筹备小组等编：《云帆万里照重洋——纪念郑和下西洋六百周年》

54

Wooden sitting statue of Zheng He with gold-outlined decoration

描金郑和木坐像

明（1368—1644年）
长：11cm 宽：10cm 高：18.2cm
中国航海博物馆藏

　　郑和雕像呈坐姿，头戴官帽，身穿华丽精美官服，腰间束带，脚穿官靴。雕刻人物相貌庄严，坐姿端庄，一手持笏板，一手扶膝盖处。雕像衣纹褶皱十分精细，具有较高的雕刻水平。

55

**Gold ingot
(copy)**

金锭（复制件）

明（1368—1644年）
长：14.6cm 宽：10.3cm 高：1.4cm
湖北梁庄王墓出土
中国航海博物馆藏

2001年，湖北省文物考古研究所等抢救发掘了明代梁庄王墓，共出土金、银、铜、宝石等类文物5100余件，是明代考古的一次重大发现。出土文物中有两枚金锭，色泽如新，铸造精良，表面因铸造而产生的凹坑较浅。该金锭上铭文所记载的时间与郑和第五次下西洋的时间完全吻合，系从西洋各国买回后重新熔铸而成，赐予梁庄王。

梁庄王原名朱瞻垍，明仁宗第九子，生于永乐九年（1411），14岁被册封为梁王，19岁就藩湖广安陆州，正统六年（1441）"以疾薨"，享年30岁，于同年8月26日"葬封内瑜坪山之原"。

56

Rubbing of tombstone of the
Three Sages of the Lingshan
Holy Tomb in Q uanzhou,
Fujian

泉州灵山圣墓三贤者墓碑拓片

民国（1912—1949年）
长：122cm 宽：61.5cm
中国航海博物馆藏

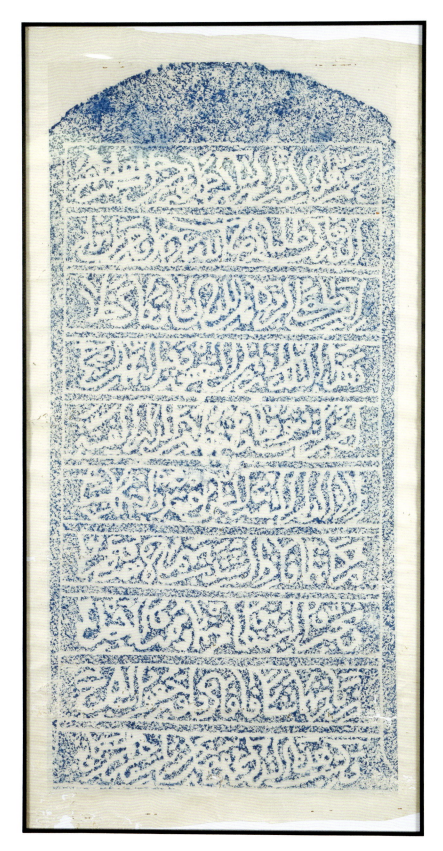

从唐至元时期，中国海上丝绸之路十分繁盛，大批穆斯林传教士、商旅来到泉州，伊斯兰教得以广泛传播。许多穆斯林传教士和商旅客死泉州，并在泉州东郊灵山南麓建造具有伊斯兰风格的陵墓与墓碑，泉州灵山圣墓三贤者墓碑便是其中之一。

该碑正面阴刻古阿拉伯文字十行，记载了安葬在这里的两位穆斯林来中国的时间和事由，并明确记录了元至治二年（1322）泉州穆斯林集体重修这座墓葬的经过。郑和船队在第五次下西洋时，专程来到泉州，往灵山谒见先贤坟墓，并在"圣墓"焚植香末，作"都阿"默祈至仁至慈的真主，恩赐船队海上帆行平安。

《东西洋考》

Research of the East and the West

清道光（1821—1850年）
长：24.5cm 宽：14.4cm
中国航海博物馆藏

《东西洋考》是明代张燮撰著的一本中外交通著作，全书共12卷，分西洋列国、东洋列国、外纪等考10门。该书详细记载东南亚各国的历史，特别是西方殖民者掠夺和奴役东南亚人民的历史。这是我国与西方殖民者在海外接触的最早资料之一，是中外关系史的重要资料。

书中记载了明中叶以后海外贸易、航海的技术知识和地理知识、漳州月港海商的管理机构和办法等史实资料，为研究明代对外关系及海外贸易之重要史籍。

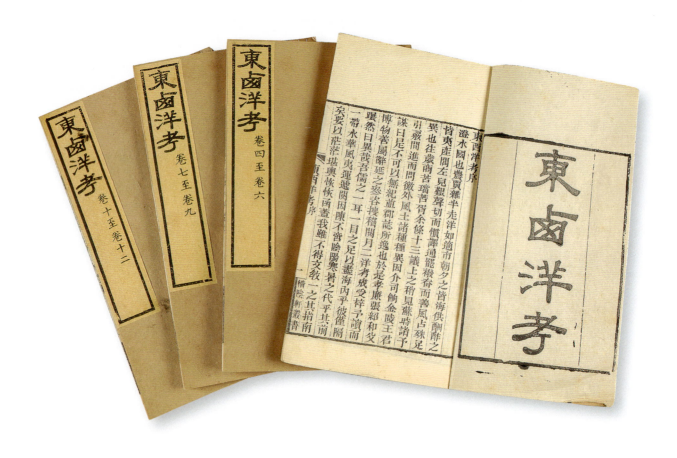

《海国闻见录》

The Sealand Travel Logue

清乾隆（1736—1795年）

长：24.5cm 宽：15.5cm

中国航海博物馆藏

　　《海国闻见录》是清朝陈伦炯编写的综合性海洋地理名著。该书共分上、下两卷，上卷包括《天下沿海形式录》《东洋记》《东南洋记》《南洋记》《小西洋记》《大西洋记》《昆仑记》《南澳气记》；下卷包括《四海总图》《沿海全图》《台湾图》《台湾后山图》《澎湖图》《琼州图》。书中系统地论述了中国北起渤海湾、南达北部湾，包括台湾、海南两大岛屿在内的长达三万两千多公里海岸线的海岸地貌、水文、航运、海防，以及其他人文地理现象，内容翔实可靠，多有真知灼见。此外，该书还介绍日本、朝鲜、东南亚等国风土人情、物产资源、海上航线等，是国人较早了解世界的珍贵文献。

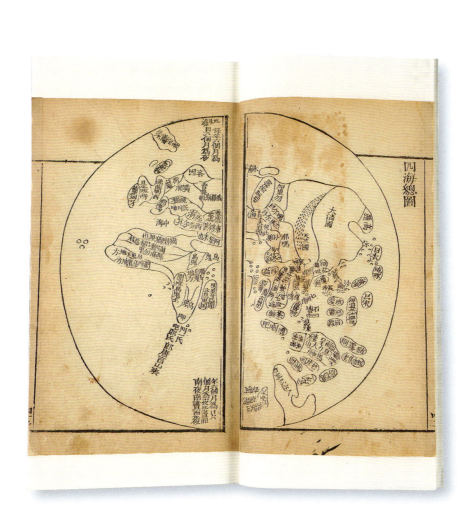

59 **Vision in Triumph in a Boundless Sea**

《瀛涯胜览》

民国二十六年（1937年）
长：17.4cm 宽：11.7cm
中国航海博物馆藏

《瀛涯胜览》是明代马欢撰写的一本中外交通著作。马欢曾多次跟随郑和下西洋，将自己所历之国和地区的风土人情、地理情况加以整理，遂写成《瀛涯胜览》这部著作。

《瀛涯胜览》不分卷，设有20个国家和地区条目。它们分别为占城国、爪哇国、旧港国、暹罗国、满剌加国、哑鲁国、苏门答腊国、那孤儿国、黎代国、南渤里国、锡兰国、小葛兰国、柯枝国、古里国、溜山国、祖法儿国、阿丹国、榜葛剌国、忽鲁谟厮国和天方国。书中皆记录前去各国的航行路线、地理环境、历史、民族、文化、政治、社会、经济、军事、物产、风土人情、逸闻轶事，与宝船队和明朝的交往等。该书是下西洋诸书中最为珍贵重要的。它为我们留下了许多独有的郑和下西洋历史记载，对以后的西洋史地书、中西交通史书有重大而深远的影响。

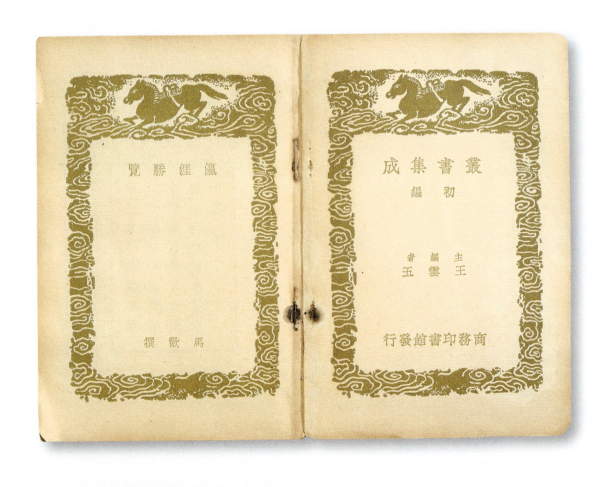

60

布施锡兰山佛寺碑拓片（复制件）

Stone tablet of almsgiving to a Buddhist temple in Ceylon (copy)

明（1368—1644）
长:170.5cm 宽:103cm
中国航海博物馆藏

郑和下西洋时期在斯里兰卡立下的石碑。该碑额部分呈拱形，正反面均刻有五爪双龙戏珠精美浮雕，碑身正面长方体周边均以中式花纹雕饰，奇特之处在于除中文外还有泰米尔文和波斯文。中文铭文居右从上至下正楷竖书，自右向左计11行凡275字。泰米尔文居左上端，自左向右横书24行。波斯文居左下端，自右向左横书计22行。中文内容记载的是对佛世尊（释迦牟尼）的颂扬和敬献，泰米尔文、波斯文内容与中文内容基本相似，但分别是对泰米尔族所信奉的印度教保护神湿婆和伊斯兰教真主安拉的颂扬和敬献。

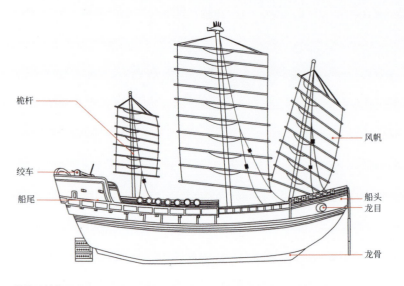

桅杆
风帆
绞车
船尾
船头
龙目
龙骨

耆英号结构图

61

Chinese junk Q i Ying (model)

耆英号（模型）

长：207.3cm 宽：49.4cm 高：180cm
中国航海博物馆藏

清道光年间香港的英国船商定制的中国木帆船，具有较强的远洋航行能力。耆英号是三桅帆船，主帆重达9吨，主桅顶部有藤条编的鱼形风向标和旗帜，满载排水量达800吨。它长近50米，宽约10米，深5米，拥有15个水密隔舱。

耆英号于1846年从香港出发，横跨大洋，于1847年抵达美国纽约港。耆英号抵达纽约时，纽约市民对于这艘中国木帆船的兴趣异常浓烈，每天购票登船参观的游客达7000—8000人次。在北美逗留一段时间后，帆船在1848年驶抵伦敦。在伦敦期间，维多利亚女王、阿尔伯特亲王、威灵顿公爵等许多著名人物都登船参观，耆英号再次成为世人的焦点。耆英号在1851年的首届伦敦世博会上进行了展示，展示期间观众如潮。耆英号远航世界的事迹再次证明了中国古代木帆船高超的造船技术，展现了中国独特的舟船文化。

62

Silver medal commemorating Chinese junk Q i Ying

耆英号纪念银章

清道光二十八年（1848年）
直径：4cm
中国航海博物馆藏

银章正面中央为航行在海上的中国帆船耆英号，下方有两行英文，英文为"THE CHINESE JUNK KE YING"。银章背面有一段关于耆英号的英文介绍，翻译为：第一艘绕过好望角并出现在英国水域的帆船。船长48.8米（160英尺），舱深5.8米（19英尺），承重800吨，舵重7.5吨，主帆重9吨，甲板主桅25.9米（85英尺）长。该船由柚木建造，于1846年12月6日从香港出发，1848年3月27日抵达英格兰，历时477天。船长为凯勒特中校。

客船是以载人为主要用途的船只。一般中国古代客船都遍设供客人休息的客舱，两舷安装相当大的船窗，以确保通风与采光充足，给人以舒适的体验。

63

九江单桅客船（模型）

Jiujiang single-mast passenger ship (model)

长：208cm 宽：55cm 高：150cm
中国航海博物馆藏

九江处于襟江带湖的有利地位，上通川楚，下至苏杭，往来商旅络绎不绝。为适应九江地区水路交通，产生一种内河客运船只，即九江客船。该船首尾略翘、中间设多处船舱，以供客人休憩。船舱中间设一主桅杆，利用风力来促进客船前进。

64

**Large grain carrier
(model)**

漕舫（模型）

长：152cm 宽：33cm 高：133cm
中国航海博物馆藏

　　此船整体造型修长，首尾上翘，仅船首设甲板，其余为船舱。船体的三分之二的面积上设舱房，舱房四周均设有门窗，可自由开合。船尾设望楼，其位置是船体舱房的最高点，设两桅杆，前为副桅杆，后为主桅杆，各设挂席帆、彩旗。船首设双铁锚，能够在紧急情况下停船时使用。

　　漕舫在京杭大运河上行驶近千年，明清时期逐渐发展成熟，是一种在运河上行驶的浅底船，为贵族所用的内河游船，通常为高级官员及文人骚客的出行工具，由于船体房间及空间较多，在船上既可以休息、吃饭，又可以进行文娱活动。

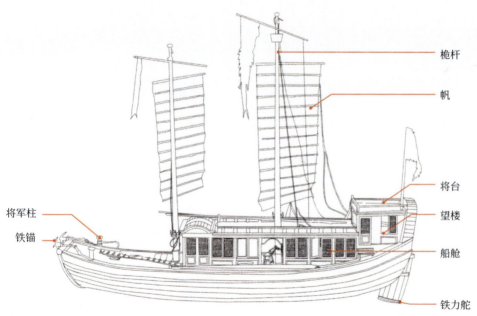

桅杆

帆

将台

望楼

船舱

铁力舵

将军柱

铁锚

大运河漕舫结构图

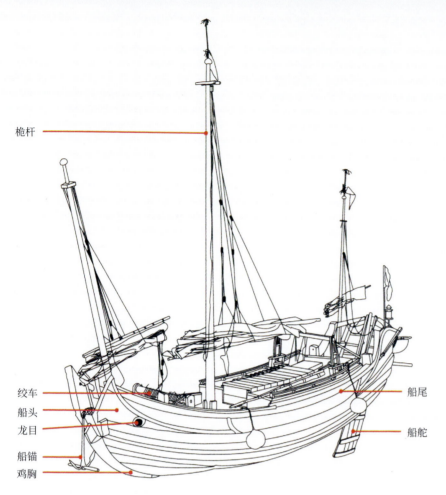

桅杆

绞车
船头
龙目
船锚
鸡胸

船尾
船舵

明代"绿眉毛"结构图

中国古代货船种类繁多，遍布江河湖海中，既有往来于运河中的河船，亦有驰骋在万里海疆的海船。各式货船成为沟通各地经贸往来的重要纽带，为各地经贸发展做出突出贡献。

65

"Green eyebrows"
(model)

『绿眉毛』（模型）

长：214cm 宽：52cm 高：120cm
中国航海博物馆藏

"绿眉毛"是浙江沿海地区传统帆船船型，因船头似漂亮的鸟头，嘴呈尖形若鸟嘴，俗称"鸟船"，再加上船眼上涂绿色，酷似眉毛上扬，故称"绿眉毛"。

此船为尖底海船，船首上翘，呈"V"形，船尾呈倒角的方形内收，整个船底前尖后凹，流畅科学。船有一半船体为仓储区，可储存大量货物，是一艘优良海运船只。"绿眉毛"具有独特的装饰色彩，以朱红、草绿、炭黑、乳白为主要装饰元素，配以棕白色船帆，使其造型醒目别致。全船有三根桅杆，主桅杆高大，后桅杆较细。桅顶有"风向鸟"，用红布裁剪成鱼型，俗称"桅花"，能随时旋转测明风向。

66

**Danyang ship
(model)**

丹
阳
船（模型）

长：180cm 宽：48cm 高：164cm
中国航海博物馆藏

　　俗称"担仔船"，形似扁担，因福州方言"担子"谐音"丹阳"而得名，主要在福建、浙江、广东等海域运输木材、粮食等物资。

　　该船为窄平首，马蹄形方尾，首尾起翘，可减少航行过程中的水流阻力，易于转向。底部有方龙骨，稳性较好，首部横剖线型有点"V"形，总体上为"U"形，舷部弧度较大，偏宽胖，底部扁平，有利于加大装载量，减少吃水，底部中后段龙骨线型内凹，可减少风帆受力时的横摇，龙骨三段同口连接。

丹阳船线图

140

中国渔业资源丰富，沿海沿河居民为了生计，常年乘坐渔船在水域中进行捕鱼作业。中国古代渔船种类众多，大小不一，既有小巧的河中渔舟，亦有庞大的海上渔船。

"Liang Hua" fishing boat in Nvshan Lake (model)

女山湖良划（模型）

长：113cm 宽：28cm 高：110cm
中国航海博物馆藏

"良划"亦称"粮划"，原为漕船，后发展为一种捕鱼船只，一般为2至3桅，主要作业于苏皖淮河下游、大运河及长江下游等地区。船型短而宽，载重量大，稳定性较好。单船作业时用浮网，双船作业时用兜网。作业时能抗4至8级风；冬季用快网捕大鱼时，用4道帆；其他作业时，用2道帆。该船可兼作住家船，居住宽敞，有载重1吨的舢板，侧卧放在两桅间的舷边走道上，船员4至6人。

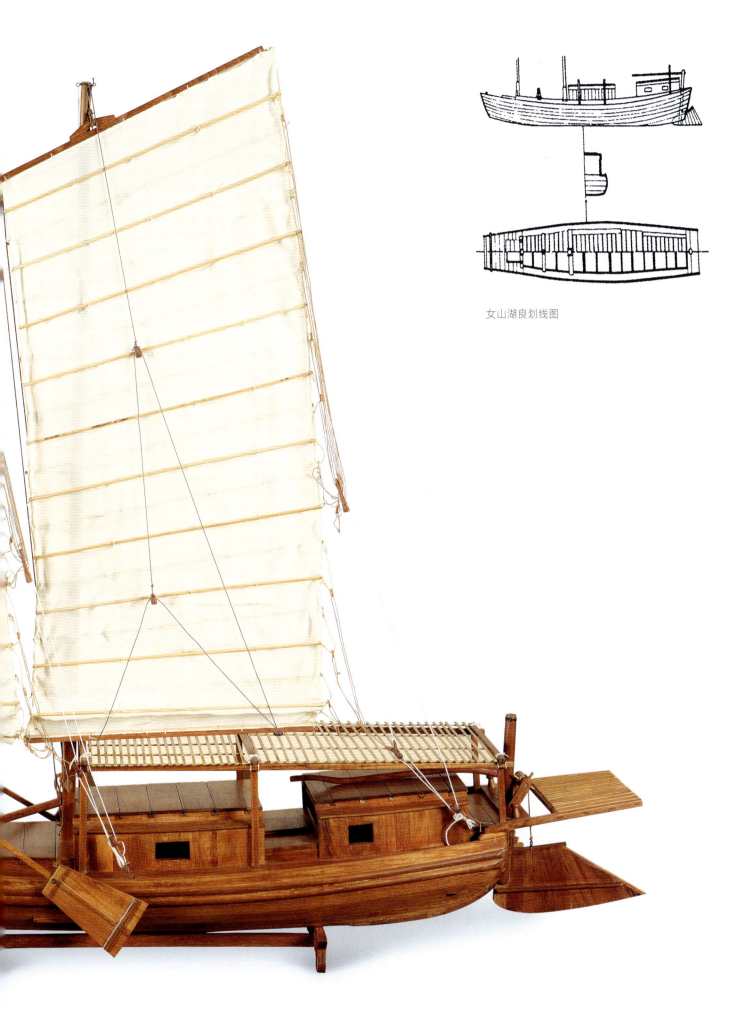

女山湖良划线图

68

Large fishing boat
(model)

大钓船（模型）

长：212cm 宽：41cm 高：170cm
中国航海博物馆藏

　　清代出现的一种海边捕鱼船，主要作业在福建、浙江等沿海地区。大钓船所用渔具是母子式延绳钓。延绳钓法是中国古代一种非常有节制的捕捞方式。当地渔民称这是跟海龙王讨海，吃了儿子留下孙子，子子孙孙无绝期。因为属于海洋资源友好型可持续渔法，每逢伏季休渔期，当网业被禁止出海，延绳钓依然可以作业。该船的船体宽大，具有龙骨结构，船首两侧有大眼。船舱密闭，设有贮鱼、贮水、船员生活等舱室。

大钓船线图

69 Fishing boat
(model)

渔船（模型）

长：85cm 宽：20cm 高：40cm
中国航海博物馆藏

一种捕捞鱼类的小型船只。船型狭小，中间有一船篷，用于休憩与避雨之用，船上有一坐罾用于捕捞水中鱼类。

Tapestry with pattern of fisherman's joy

织锦渔乐图

清（1644—1912年）
长：45cm 宽：22.5cm
中国航海博物馆藏

织锦的边缘织有一周锦地纹饰，中间织有渔翁垂钓山水图。图中远处为层峦的高山，近处为宽阔的湖面、葱郁的竹林和钓鱼的老翁。钓鱼老翁一手持钓竿，一手来接钓上的鱼儿。整体画面布局疏朗，清新雅致，展现了中国古代怡然自得的乡村生活。

71

Bronze mirror with pattern of double fish

双鱼纹铜镜

金（1115—1234年）
直径：17.4cm
中国航海博物馆藏

　　铜镜为圆形镜，中间有一龟钮，镜背面刻两条鲤鱼，双鱼首尾相互衔接，体型肥美，鱼鳞刻划错落有致，富有立体感。整个鱼儿刻画灵动，宛如两条活鱼在水中游动。铜镜保存完整，刻划清晰，兼具实用性与观赏性。

72

红木嵌玉鱼插屏

Rosewood table screen with inset jade fish

民国（1912—1949年）
长：39cm 宽：21cm 高：46cm
中国航海博物馆藏

红木插屏刻有精美的莲池纹饰，莲花盛开，富有生机。屏风中间嵌刻玉雕鲤鱼，鲤鱼口衔莲花，在水中畅游，灵活而又生动。在中国古代鲤鱼莲花纹饰具有特殊的美好意义，鱼与"余"谐音，莲与"连"谐音，寓意连年有余。

73

青花鱼藻纹杯

Blue and white porcelain
cup with pattern of fish and
waterweed

清（1644—1912年）
口径：7.3cm 底径：4cm 高：5cm
中国航海博物馆藏

1

2

一组四件。杯花口，深腹，圈足。杯身外口沿处绘一周开光，内绘圆圈纹，杯身通绘鱼藻纹，鱼为鲭（qīng）、鲌、鲤、鳜四种鱼，取谐音"清白廉洁"之意。杯内壁口沿处绘一周折枝花卉纹，内杯身绘四组折枝花卉纹，底绘鱼藻纹。

3

4

1

2

74

Blue and white porcelain dish with pattern of fish and waterweed

青花鱼藻纹碟

清（1644—1912年）
口径:13cm 底径:7.2cm 高:2cm
中国航海博物馆藏

一组四件。碟花口，浅腹，圈足。碟外壁绘四组折枝花卉纹。碟内壁口沿处绘一周缠枝花卉纹，内腹处绘一圈开光，内绘折枝花卉纹，底绘鲭、鲌、鲤、鳜四种鱼，取谐音"清白廉洁"之意，周绘水滴纹，中间绘一圆圈，内绘鱼与水滴纹。

3

4

 Guitarfish

犁头鳐

长：45.3cm 宽：14.4cm 高：7.3cm
中国航海博物馆藏

暖温性底层鱼类。主食甲壳类和贝类，以及其他底栖动物，也食小鱼。卵胎生。肉可食用，皮可干制为"鱼皮"，背鳍和尾鳍可制鱼翅，吻侧半透明结缔组织可干制为"鱼骨"，浸煮后膨胀，柔软可口。主要分布于中国、日本、朝鲜等海域。

76

Cornet fish

烟管鱼

长:95cm 宽:3.6cm 高:3.8cm
中国航海博物馆藏

体细长,呈鞭状,平扁。吻特别长,呈管状。背部呈两平行嵴,间隔较宽。眼呈长圆形,眼间隔狭。鼻孔紧位于眼前。口小,前位,口裂几近水平。下颌突出。上下颌、犁骨、腭骨部具尖锐绒毛状牙。下颌唇厚。主要分布于中国东海、南海等。

77

匀色燕鳐

Even colored flying fish

长:26.4cm 宽:9.8cm 高:4.2cm
中国航海博物馆藏

俗称"燕儿鱼",暖水性近海上层鱼类。近乎圆筒形,青黑色,腹部灰白色。胸鳍特别发达,一直延伸到尾部,像鸟的翅膀;腹鳍大,可作为辅助滑翔用。它们能滑翔和飞行,常成群,常跃出水面,借胸鳍伸展而滑翔可达几十米。燕鳐以微小的浮游生物为食,肉质细嫩,肉味鲜美,是主要的经济鱼类之一。

 78

皱唇鲨

Banded dogfish

长:81.4cm 宽:26.3cm 高:16.3cm
中国航海博物馆藏

　　温暖性近海栖息鲨类。喜在河口、港湾浅水沙底藻类覆盖地，能忍受低盐度。卵胎生，无卵黄囊胎盘，每产10—24仔。食小鱼，甲壳类和底栖无脊椎动物。成年皱唇鲨体长一般在1米左右。主要分布于中国、日本、朝鲜等海域。

中国是世界上最早拥有水军的国家之一，早在春秋时期，就有大规模水战的记录。得益于造船业的发展，中国古代军船发展迅速、种类繁多，逐渐出现了江海两用乃至专门用于海上作战的军船。这些军船成为平定海患、保卫海疆的神兵利器，为中国古代海军发展提供了坚实保障。

79

大翼战船（模型）

Large wing warship (model)

长：143cm　宽：37cm　高：51cm
中国航海博物馆藏

大翼战船是春秋时期吴国的一种水上作战船舶，也是中国最早出现的战船之一。大翼战船特点是船体修长，用人力推进，配备多名划桨手，所以航行速度快。

春秋吴国的战船有大翼、中翼、小翼、突冒、楼船等多种，其中大翼战船是其主力战船之一。在《越绝书》中大翼战船有棹卒50人，首尾操驾3人，还有4人持长钩、矛、斧，专门负责在两船接舷时任钩推之职。

80

Warship with eight watertight compartments (model)

八槽舰 （模型）

长:173cm 宽:41cm 高:136cm
中国航海博物馆藏

八槽舰是一种带有水密隔舱结构的战船。槽即木槽，"八槽"即船的主体由8个槽状舱体组成。该船造型长宽较大，航速较快。

八槽舰是晋代跟随孙恩海上起兵的卢循建造的战船。该船整体造型若一片柳叶，型线流畅，出入水平顺；首尾上翘，船首龙骨较为凸出，呈"V"字形，利于披水前行。船体中部和前部各设一桅风帆：中部为主帆，高耸直立；前面风帆斜向而立，可以有效利用风帆的抬升之力使船体更为轻盈。船体两侧各设4支长橹，以便在风力不足时使用。船首设锚碇，船尾设一叶面较宽的船舵。锚碇、风帆以及船舵的升降通常都用绞车来进行操作。船尾设一两层的望楼，其顶部将台设有四方旗、帅旗、金鼓、矛戈等，四周设女墙，可供战斗时射击及防御。

81

Colored postcard of a panoramic view of Guangzhou

广州全景彩图明信片

清（1644—1912年）
长：97.5cm 宽：28.7cm
中国航海博物馆藏

该图描绘的是19世纪广州港口的场景，远处为沿江的建筑物，近处则为来往于江面的船只和热闹的港口。江面上多为中国传统木帆船，或载货航行、或执行捕鱼作业，生动展现了广州港口繁盛的经贸场景。

广州早在秦汉时期就是海上丝绸之路发祥地之一，拥有璀璨的航海文明。唐宋时期，随着海上丝绸之路的繁盛，广州港日益兴隆起来。明清时期，大航海时代开启，广州港成为岭南地区走向世界的重要窗口，来自世界各地的船舶在广州港口进行贸易。彼时的广州港千帆穿梭、巨舶云集，热闹非凡。

PANORAMA OF CANTON HARBOUR.

83

Bronze mirror with pattern of sea animal and grape

海兽葡萄镜

唐（618—907年）
直径：16.5cm
中国航海博物馆藏

　　海兽葡萄镜呈圆形，圆形钮，钮周围饰海兽纹、葡萄纹。六只海兽攀绕在葡萄间，体态丰腴，恢宏大气，或匍或卧，或奔腾跳跃，或嬉戏玩耍，无不活灵活现，栩栩如生。其外有一凸棱，近缘处饰葡萄纹、海兽纹、云雀纹，缘饰云朵纹。这面海兽葡萄镜构思奇巧，匠心独具，精妙超群，纹饰独特，雕塑工艺精湛细致，冶炼翻铸，至善至美，版模精致。

　　海兽葡萄镜是中国著名外销铜镜之一，在今天的日本、朝鲜、伊朗、蒙古、俄罗斯等许多国家和地区都有发现海兽葡萄镜，是古代中外经济文化交流的重要实物见证。

Ningbo ship
(model)

宁波船（模型）

长：108cm 宽：34cm 高：99cm
中国航海博物馆藏

明末清初时期对外贸易的中国船只。宁波船通常采用杉木板制作船壳，用松木制作龙骨。宁波船设两帆，皆在船前半部。其中主桅杆稍靠船中部，上挂一宽度较大的风帆，可以有效增大其受风面积。船首设一斜桅，挂一较小风帆。船尾部高耸，并设一二层弧顶的观景亭台，中部设梯，梯脚用一方木挡固。船尾分两层空间，为船员休息区域。船首设锚，船尾设升降舵。

宁波船继承了宋元时期的诸多先进造船技术，其底部龙骨突出，略带弧形的"V"形船底，首尾上翘，以风帆动力为主，是我国出色的古代船型之一。

85

Ancient ship unearthed at Houzhu Port, Quanzhou, Fujian (model)

泉州后渚古船 （模型）

长：236cm 宽：69cm 高：178cm
中国航海博物馆藏

1974年，在福建泉州湾的后渚港出土了一艘宋代木制航海货船。此船横向剖面为"V"形，是典型的尖底海船。船首上收成尖状，船尾呈方形，船身扁浅，俯视其形若梨形，线条流畅。全船有12道隔舱板将船体分为13个船舱，是一艘典型的水密隔舱海船。船上设多处桅杆，有首桅、主桅及尾桅，船尾部安装垂直舵，用以操纵船舶航行。泉州后渚古船对后来的造船工业有着深远影响，其水密隔舱的设置等关键结构被著名意大利旅行家马可·波罗在《游记》中做了详细的介绍，可以说是结构性地提升了欧洲的造船技术，至今仍是船舶设计的重要结构形式。

86 Five-mast large junk (model)

五桅沙船（模型）

长：186cm 宽：38cm 高：158cm
中国航海博物馆藏

此船平底，吃水浅，适宜于浅水航道，主要航行在北洋航线上。船上设五桅，皆悬挂帆，其中主要桅杆两根，一根名主桅，稍靠后，一根为首桅，稍靠前，其他三根较为低矮，仅起辅助桅的作用。沙船多航行于浅海区，故所用船舵一般均为升降舵，遇水浅时提起。入深水时可把舵放在船底线之下，免除船体尾流效应，从而提高了操舵效率。由于沙船有良好的逆风调戗性能，常用舷侧披水板以减少横漂。

沙船是中国古代近海运输的优秀船型，以传统平底船为基础，在唐代演变为新的船种。沙船最先出现在长江下游，由崇明沙人创用，史书称作"崇明沙船"，简称"沙船"。由于沙船的性能和结构优良，在民间广泛使用。沙船也曾驰骋于南北航线，甚至远洋航行。

文化之舟

舟船不仅是物质载体，更塑造了独特的精神文化。千百年来，系于舟船的信俗文化与艺术创造，成为中国人宝贵的精神财富，给予我们美的享受和前行的力量。作为对外文化交往的重要载体，舟船构建起异质文明交往的桥梁，不仅滋养了水上艺术和文化，也渐趋消弭了异域想象。

A
CARRIER OF
CULTURE

More than merely material carriers, ships have unique
spiritual and cultural values. For thousands of years, the
ship-related beliefs, customs and artworks contributed
to the spiritual wealth, aesthetic taste and progressive
motivation of the Chinese people. As a tie for heterogeneous
cultural exchanges, ships nourished the art and culture of
water, and dissolved unpractical exotic conjectures.

中国沿海居民为了趋避海风灾害、祈祷船舶安全返航，塑造了独特的海神信仰。妈祖是影响力最大的海神之一，其信仰通过航海传播至东亚、东南亚等地，促进了地区间文化的相互交融。

天妃又称天后、天母、天上圣母，福建和台湾地区俗称妈祖。妈祖原名林默娘，福建莆田湄洲人，生于北宋建隆年间，终身未嫁。妈祖初以巫祝为事，受乡人崇敬，死后被当地人供奉起来，当作航海的保护神。

Wooden sitting statue of Sea Goddess Mazu

妈祖木坐像

明（1368—1644年）
长：10.4cm 宽：8cm 高：21.1cm
中国航海博物馆藏

雕像头戴冠冕，衣着华丽，面容慈祥，端坐于椅上，一手持物，一手扶在膝上。此像造型简洁自然。

88 Wooden sitting statue of Sea Goddess Mazu

妈祖木坐像

明（1368—1644年）
长：8.6cm 宽：7.1cm 高：16.3cm
中国航海博物馆藏

  雕像头戴冠帽，衣着简单，端坐于椅上，一手放于胸前，一手扶在膝上。此像雕刻简单朴素。

89

Wooden sitting statue of Sea Goddess Mazu

妈祖木坐像

明（1368—1644年）
长：7.3cm 宽：4.6cm 高：15cm
中国航海博物馆藏

　　雕像头戴梁冠，衣着简单，端坐于椅上，一手放于胸前，一手扶在膝上。此像雕刻简洁自然。

Porcelain statue of Sea Goddess Mazu

妈祖瓷像

清（1644—1912年）
长：6cm 宽：6.5cm 高：13.5cm
中国航海博物馆藏

瓷像为德化窑制品，胎质厚重，坚细洁白，釉面莹亮温润，白中闪黄呈乳白色。瓷像呈坐立样，容貌温婉娴雅，双目平视，鼻直小口，微露笑意，神态庄重慈祥。瓷像衣纹褶皱层次鲜明，具有很高的艺术水平。

德化窑位于福建德化，宋时已开始生产白瓷。明代德化窑白瓷胎质致密，透光度极好。由于胎釉中三氧化二铁含量较低，氧化钾含量较高，烧成时采用中性气氛，因此釉色光润明亮，貌白如凝脂，故有"猪油白""象牙白"之称。而其中的白瓷塑像更是久负盛名。

201

Wooden sitting statue of Sea Goddess Mazu with color-painted and gold-outlined decoration

彩绘描金妈祖木坐像

清（1644—1912年）
长：13.5cm 宽：12.5cm 高：26.8cm
中国航海博物馆藏

雕像头戴冠冕，做工考究，衣饰华丽，面容端庄严肃；端坐于圈椅上，身体端庄；两手臂靠于圈椅扶手上，双手自然放在圈椅上，造型简洁大方。

92

Wooden sitting statue of Sea
Goddess Mazu with color-painted
decoration

彩绘妈祖木坐像

清（1644—1912年）
长：10.2cm 宽：9.1cm 高：18.4cm
中国航海博物馆藏

　　雕像头戴冠冕，面容慈祥微笑，端
坐于圈椅上，身体微胖，腹部鼓圆；两
手臂靠于圈椅扶手上，双手自然放于胸
前。衣着纹饰华丽考究，雕刻精美，具
有一定艺术水平。

93

Porcelain sitting statue of Sea Goddess Mazu with color-painted decoration

彩绘妈祖瓷坐像

清（1644—1912年）
长：15cm 宽：12.8cm 高：34cm
中国航海博物馆藏

雕像头戴冠冕，脸型瘦长，面容慈祥微笑，端坐于椅上。雕像衣袍上有精美的图案，衣纹褶皱层次分明，动态感强，制作工艺娴熟高超，具有较高艺术水平。

94

Wooden ritual instrument
with carved dragon and gold-
outlined decoration

描金雕龙木质法器

清（1644—1912年）
长：53.2cm 宽：5.2cm
中国航海博物馆藏

　　法器上端形状类似矛状，中间是雕刻十分精美的金色神龙和莲花台座，下端为手持木柄。雕刻的金色神龙体态矫健，昂首有力，栩栩如生。

95

Vermilion lacquer memorial tablet with gold-outlined inscription of "Imperially Conferred Heavenly Empress and Sea Goddess Mazu"

朱漆描金『敕封天上圣母妈祖天妃娘娘』牌位

民国（1912—1949年）
长：34.2cm 宽：19.8cm 高：82.3cm
中国航海博物馆藏

此牌位上端雕刻精美的金龙。此龙威武端庄，双目炯炯有神，龙身矫健，龙爪健壮有力，抓着红色珠子。中间两端雕刻金龙，中央刻"敕封天上圣母妈祖天妃娘娘神位"。牌位底座则雕刻有蝙蝠、寿桃及花卉纹饰，寓意福寿吉祥。

敕封
天上聖母媽祖天妃娘娘神位

96

Memorial tablet with gold-outlined inscription of "Heavenly Empress"

描金『天上圣母』牌位

民国（1912—1949年）
长：9cm 宽：2.1cm 高：12.5cm
中国航海博物馆藏

牌位四周刻有仙鹤图案，中间刻"天上圣母"。此牌位雕刻简练，朴素大方。

97

Silver lock of praying to Sea
Goddess Mazu for safety

妈祖祈福银质平安锁

民国（1912—1949年）
长：8.5cm 宽：6.2cm 高：2.4cm
中国航海博物馆藏

银锁呈如意云纹状，锁身上嵌刻脚踏祥云的仙人、妈祖头像及"妈祖祈保平安"字样，锁下面以银链相连瓜果、杂宝及动物摆件。整个银锁制作简练，是向妈祖祈福的物件。

98

《佛国记》

A Record of Buddhist Kingdoms

民国二十六年（1937年）
长：17.6cm 宽：11.8cm
中国航海博物馆藏

《佛国记》是东晋法显编写的中外交通著作。该书记述中亚、南亚及东南亚等地三十余古国的佛教文化、山川地形、物产气候、建筑造型、风俗习惯等，是我国现存有关南亚和南洋最早的确切记录之一，是研究地理学和中西交通史的重要史料。

法显，东晋时期著名僧侣。公元399年，60岁左右的法显从长安出发，从陆路西去天竺寻求佛法真义。进入天竺后，法显留居多年，积极学习佛法。并于407年到达恒河口的多摩梨帝国，在此写经及画像两年。法显一行十余人，有的半路折回，有的途中冻病而死或留居印度，最后仅剩法显一人从天竺通过海路，历经两年，多次换船，最终于412年回到中国，并写下《佛国记》。

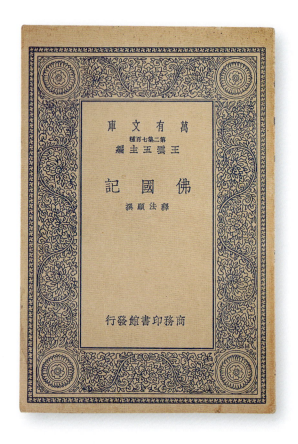

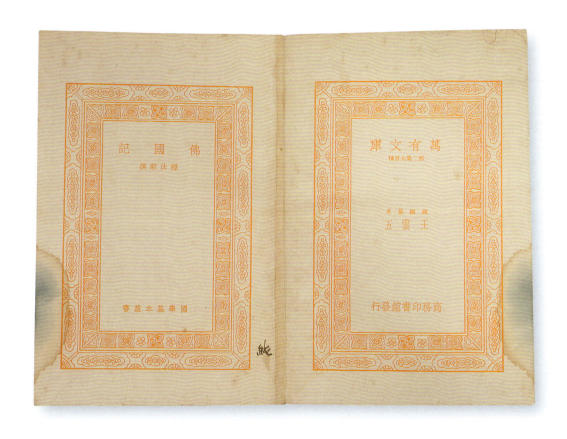

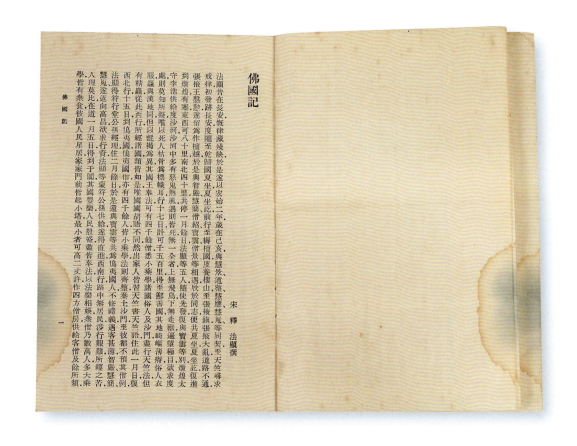

99

《过海大师东征传》

Eastward Expedition of
Master Crossing the Sea

日本明治三十一年（1898年）
长：22.5cm 宽：15.9cm
中国航海博物馆藏

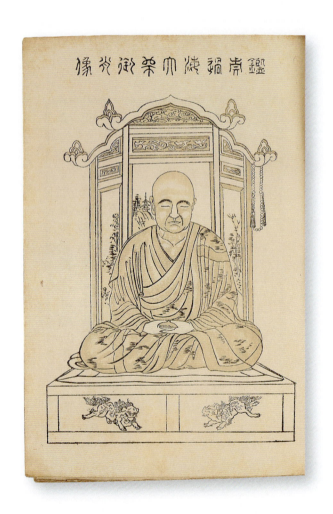

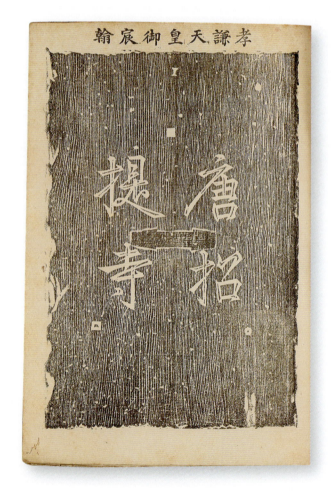

214

《过海大师东征传》是日本奈良时代（710—794）开元真一编写的有关鉴真一生的传记书籍。该书详细记载鉴真东渡日本、在日本传播佛法的故事。

鉴真，唐朝高僧，日本佛教律宗创始者，亦称"过海大师""唐大和尚"。应日本留学僧的邀请，鉴真于唐天宝十二年（753）搭海船赴日。师徒一行24人，带去了大批的经卷、字帖、佛像和佛具等。鉴真一行在日本传道弘法，校勘佛教经典，为中日文化交流做出突出贡献。

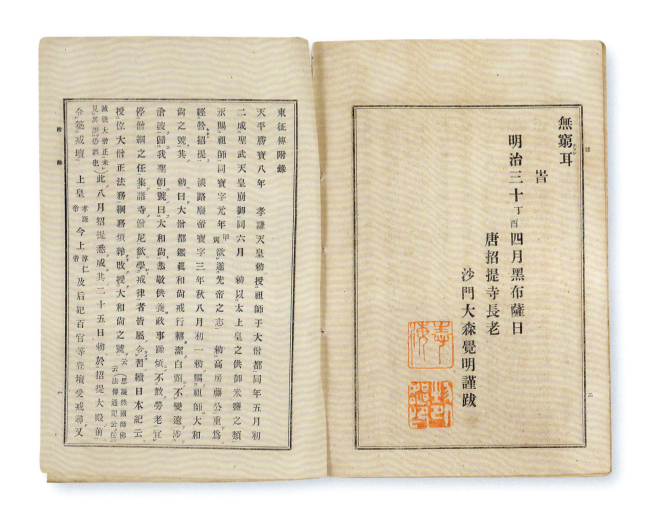

100

Guide on Three Religions

《三教指归》

日本元禄十年（1697年）
长：20.5cm 宽：17.6cm
中国航海博物馆藏

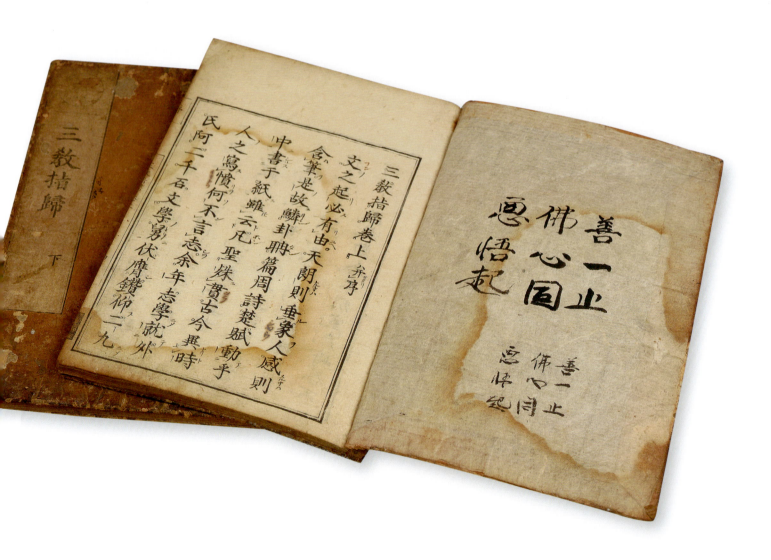

《三教指归》是日本平安时代（794—1192）空海编写有关阐述儒释道三教关系的著作。该书共分3卷，上卷写儒教，中卷写道教，下卷写佛教。空海并不是系统探讨中国儒佛道三教的主要内容，而是通过论辩方式来说明三教各自能够为当时的日本人提供怎样的人伦教化。

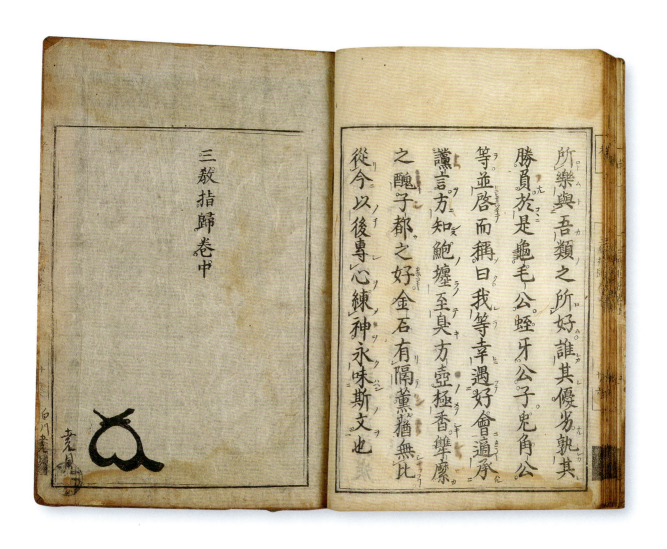

《江天楼阁图》（复制件）

Painting of River, Sky and Pavilions (copy)

宋（960—1279年）
长：139.2cm 宽：83.2cm
中国航海博物馆藏

北宋佚名所创造的山水风景画。作者运用娴熟的绘画手法，将船舶、楼阁描画十分精细，特别将江船上三十多位船工辛勤操作船舶的神态，描绘得非常生动形象，展现了宋代造船与行船的技术。

102

Painting of Boating through Spring Mountains (copy)

《春山泛舟图》（复制件）

元（1271—1368年）
长：181cm 宽：77.5cm
中国航海博物馆藏

元代胡廷晖所绘的山水风景画。整幅画面构图繁密，布局高远，远处崇山峻岭，山势高耸入云，山间飞泉流下，楼宇台阁精工富丽，人物往来其中。山脚下，溪桥潭水，波光粼粼，三两人泛舟赏景。

Painting of Waiting for a Ferry in Autumn (copy)

《秋江待渡图》（复制件）

元（1271—1368年）

长：149cm 宽：71.2cm

中国航海博物馆藏

　　元代盛懋所绘的山水风景画。图以两段式深远构图法画近树繁茂，远山起伏，中间澄江如练，芦雁惊飞，一派清秋气氛。岸上一年老儒者携书童坐地待渡，江中一舟载客摇橹而来，意境清幽。

104

Painting of Fishing on a Pine Creek (copy)

《松溪钓艇图》（复制件）

元（1271—1368年）
长：106.2cm 宽：61.8cm
中国航海博物馆藏

元代赵雍所绘的山水人物画。此画所绘江面辽阔，近处有一小艇，艇上画有一渔翁端坐船头，一手执钓竿在等鱼上钩，神态宁静。

Painting Scroll of Overlooking on a Riverside Pavilion (copy)

《江阁远眺图轴》（复制件）

明（1368—1644年）
长：106.2cm 宽：72.2cm
中国航海博物馆藏

明代王锷所绘的山水人物画。画中江水渺茫，靠岸边有殿阁一座，阁上一人向江远眺，大江对岸，岸边停靠船只多艘，隐现于云海间。

106

Large blue and white porcelain plate with pattern of landscape and figure

青花山水人物纹大盘

清（1644—1912年）
口径：46cm 底径：34.7cm
中国航海博物馆藏

　　盘敞口，浅腹，沙底。盘边缘绘一周如意云头纹与缠枝花卉纹，盘心绘山水人物纹，远处为层峦山峰和宽阔的江水，江水上有一叶孤舟，近处则为楼台与连桥，岸边则有人交谈。

　　山水图在清代康熙、雍正及乾隆三朝外销瓷中十分流行，常以山石、江水、亭台、楼阁、廊桥、宝塔、寺庙、船只、树木及人物等为装饰元素，借鉴清初文人山水画法，画风清新雅致。此盘体形硕大，胎质细密、釉色光亮，笔触细腻，质感较强。图案给人以恬静清雅之感。

107

Silver miniature of patrol and arrest ship

清（1644—1912年）
长：33cm 宽：21cm 高：31cm
中国航海博物馆藏

该船船型狭长，船舷两侧各配备5支船桨，以推动船快速航行，中有方形船楼，以供人休息。船装备多门火炮，有士兵若干。船舷尾部外挂盾牌。

广东滨海各县，如南海、番禺、顺德、新宁、香山、新会等港汊纵横，盗贼出没无常，因此其下所设巡检司，往往配备巡查缉捕的巡船、巡丁，以巡逻港汊及沿河陆路。巡船最大特点就是船尾摆列军器，其形制装饰与水师桨船同。巡船武器一般为鸟枪两杆，不过到清代晚期，巡船多装备火炮。

巡查缉捕船银质仿真模型

银累丝花舫摆件

Silver filigree bibelot of flowery pleasure boat

清（1644—1912年）
长：12.5cm 宽：4.4cm 高：10cm
中国航海博物馆藏

花舫又称"画舫"，因其架以枋楣橡柱且棚顶彩绘图案而得名，是用于内河水域休闲娱乐的一种船型。该船雕刻精美，船身镂空雕刻花卉，船首设茶桌与躺椅，船中央有高大的船室，供船客休憩娱乐，船尾有一开孔舵。画舫摆件精致且华丽，通身采用累丝和雕刻镂空工艺进行装饰，更显典雅气质。

109 Carved ivory bibelot of turret boat

象
牙
雕
楼
船
摆
件

民国（1912—1949年）
长：61cm 宽：20.5cm 高：63cm
中国航海博物馆藏

　　该楼船为游船，造型高大如楼，是船体
与建筑的综合体。楼船兴于秦汉，既可以作为
战船，亦可作高级游船。此船体形硕大，十分
壮观。船首尾高起，并有楼亭，供人休憩游
玩。船身绘有多达几十处花卉纹饰，花卉盛
开，娇艳美丽。船中两侧船舷各雕五个兽首，
以及缠枝花卉纹的船栏。两侧各有两名气宇轩
昂的士兵，注视水面情况。船中间甲板上建有
高大楼阁，楼阁栏杆上都雕有精美的纹饰，楼
上有站立的贵族高官向远处眺望。

玉雕龙舟配饰

Carved jade ornament of
dragon boat

清（1644—1912年）
长：8.5cm宽：5cm
长：7.5cm宽：5.5cm
中国航海博物馆藏

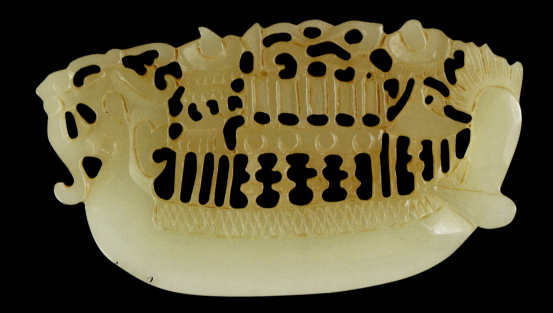

龙舟是中国古代舟船之一，赛龙舟是中国重要的传统文化习俗。随着端午划龙舟习俗的逐渐形成和完备，龙舟成为民间喜闻乐见的艺术造型，以龙舟为原型的各种雕刻艺术品也开始出现。

　　两龙舟上均雕有高大的楼台。一龙舟摆件整体平直，呈船形，船首龙头翘首昂头、尽显"龙"的威严与气势。龙舟船尾有一龙尾向上翘起，尾巴强劲有力，两面各雕有一大桨，似有船工做操桨划行状。另一龙舟为镂空圆雕佩件，船体为扁长片状，龙舟整体装饰华丽，饰有飞檐亭阁等建筑，又有伞盖与大大的"令"字旗迎风飞扬，颇具威武气势。

Carved ivory bibelot of pleasure boat

象
牙
雕
游
船
摆
件

清（1644—1912年）
长：18cm 宽：4cm 高：15cm
中国航海博物馆藏

该船为达官显贵的游船，船身较长，首尾悬挂旗帜，雕刻精美纹饰。船上游客较多，或休憩，或交谈，或欣赏窗外美景，神色各异。

明清时期的各地游船的形制不同，但都极其华丽，多为文人雅士或富豪官绅等宴会、饮酒的水上乐园。清代广东珠江上有游船多种，据宣统年间《番禺县志》记载："珠江游船，有号横楼者、沙罟者、紫洞艇者，华丽相尚，文窗花户，间以锦绣玻璃，大者中舱可设四筵，游人召客开觞，非此不豪也。然舟底甚浅，上重下轻，偶遇风涛，动至危险，故每泊而不行。"

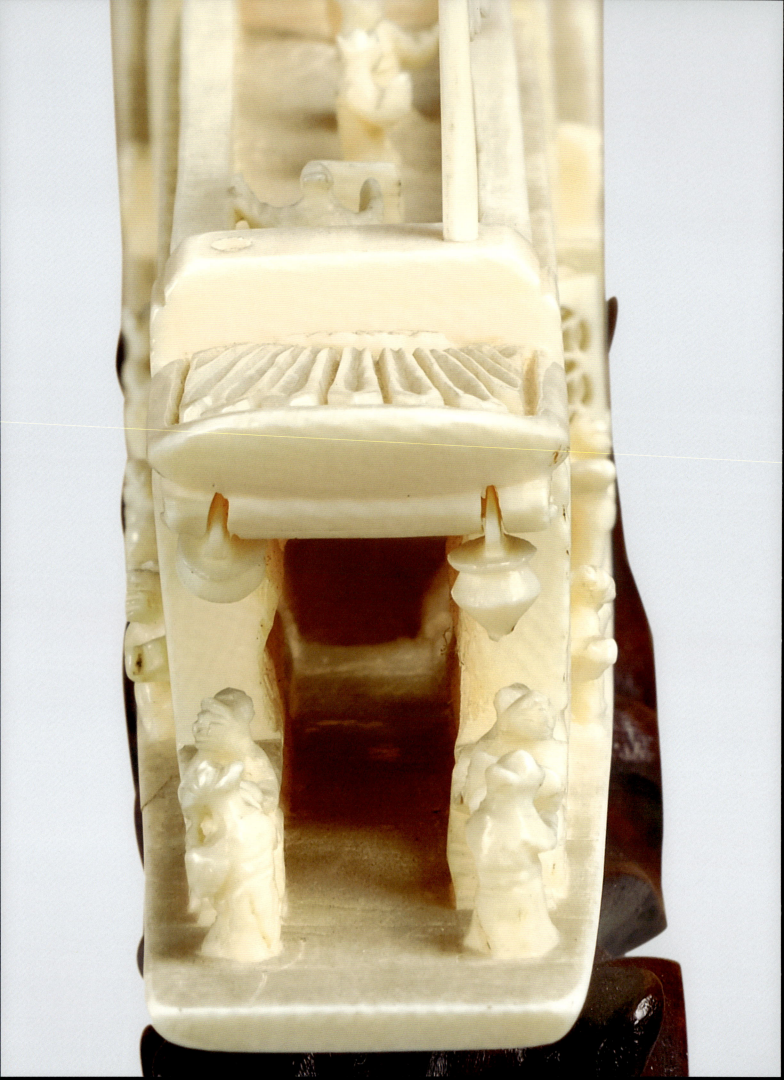

112

Small gold-gilded silver boat

银鎏金小船

清（1644—1912年）
长：8cm 宽：2.6cm 高：5.5cm
中国航海博物馆藏

　　该船船型较小，船尾高跷，尾有一橹，用来推动船，使其前进，船上设有船棚，供船上人休憩与生活。

113

中式船图通草画

Pith paper painting of Chinese-style ship

清（1644—1912年）

长：23cm 宽：18cm

中国航海博物馆藏

该通草画册共绘12幅中式船舶通草画。据考证，初步推定通草画册中的船名，分别为捕盗米艇、桨艇、谷船、鸭艇、西瓜扁、乌艚、西南谷船、低仓艇、龙舟、行尾艇和大官座船。

通草画又被称为米纸画、蓪纸画，19世纪在广州生产并销往海外，是在中西商贸、文化交流中形成的独特绘画作品，内容丰富，包罗万象，描绘了中国的自然景观、人文景观、社会生活以及文化等方方面面的内容，迎合了西方人想要了解中国的愿望，因此出口数量巨大，可称为这一时期最流行的中国明信片。通草画工艺是广州独有的，但其兴盛的时间前后不过一百年，至清末以后逐渐消失。

图1

图2

图3

图1

图1

　　捕盗米艇，小型的中国战船。船首绘有黑眼，船身绘有红色、黑色的图案，船尾绘有精美的图案，整体纹饰十分醒目。

　　捕盗米艇原为运米的货船，但因其使用便捷，航行迅速，后为官府采用，改造或仿造为捕盗之用，称之为"捕盗米艇"。有时捕盗米艇不敷使用，海关也雇用商用米艇为捕盗之用。米艇除捕盗外，也执行其他海上巡查、守备等极具机动性任务。《粤海关志·兵志·大鹏营》记载，"左营"的各大、中、小号米艇，"俱巡查，经由新安县海面，定期分员会哨"；"中营"各米艇，"上班守备，下班参将管驾游巡东莞、新安、香山等县洋面"。

图2

　　大官座船，为官员乘坐巡视的船只。该船首低尾高，船首建有精美富丽的船室。船室窗户雕刻华丽纹饰，精致华美，十分醒目。船室中央有一官员，欣赏水上景观。船上有一主桅杆，挂有书写"太子少保"字样的旗帜。太子少保原为负责教习太子的官员，后来演变为一种荣誉性的官衔加给重臣近臣。船尾得见官员的仪仗，计有一面大黄旗、四个红色长幡、二立瓜、二灯笼、一叉。旗、幡的顶端，尖锐如矛，遇事故可做武器。

图3

　　低仓艇，头低尾高，以篙、橹为行船的动力，舱外的绿色栏杆和舷窗，搭配红蓝船门，极为醒目。该艇为风月场所，多为游乐船只。清韩珠船《龙溪竹枝词》云："管弦金鼓闻如雷，紫洞低舱次第开。船尾彩红高一丈，黄旗山上近香回。"形容了广州水面上低仓艇云集繁盛之景。

图4

图4

龙舟，一种竞赛娱乐的船只。画中龙舟首尾高跷，船身狭长。舟中插有一面青色旌旗、一面红色旗帜、三个精致罗伞。龙舟上有数十人，或划桨，或指挥，或呐喊，或敲锣，或擂鼓，分工明确，各司其职。龙首、龙尾色彩醒目，雕刻十分精致，龙首颈部较长。广州地区的龙舟多以木质坚韧、去水快、耐腐蚀的柚木制成，长短不一，可容纳10至80人不等，均有雕刻精致的龙头、龙尾，船体呈梭形。东江水系的龙头颈短，称"大狗头"；西江水系龙头小而上翘，颈部较长，称"鸡公头"。

农历五月初五的端午节，广州地区一般都有隆重的祭祀活动，龙舟竞渡就是端午节的重头戏。一般龙舟竞渡前有一系列的仪式，主要是到寺庙烧香磕头，请道士、僧侣念经，祈求龙神保佑，竞赛平安顺利。若不到神庙，则在家中，设神桌，龙头置中，上供香烛和食品，划龙舟的人和村民向龙头磕拜，祈平安如意。龙舟比赛后，为防止腐蚀，将其一半埋入河底，至翌年四月初八挖出，称作"起水"。从是日起，则开始筹备新一年的龙舟竞赛。

图5

图5

　　谷船，一种专门运输粮食的货船。画中谷船整体较长，尾部略翘，船上有众多舱室，主要用于仓储粮食。船上有高大的桅杆，上挂船帆与船旗，船尾有一橹，可供船舶前行，船尾有一开孔舵，可使水流穿过舵孔，转舵较为省力。

　　中国古代将船只运输粮食称为漕运，运粮船称为漕船。自隋唐以来，为保证都城和北方边疆的粮食供给，历代中央政府都极其重视南方运河或海运粮食到北方，建造大批官、民漕船。清代广东地区粮米匮乏，多赖外面供给，因此来往广州地区谷船数量非常多，有效缓解广州缺米的困境。

图6

图6

桨艇，一种海关守卫的船，主要用于巡视，防范走私。艇尾高翘，艇体狭长，艇头甲板上架着一支黑管长火枪，枪下木板绘虎头。艇上有两个高大桅杆，桅杆上挂船帆和船旗。艇身两侧有多人，划桨使艇快速前进，艇尾有一红色船旗。

艇舱以厚密的茅草覆盖，似有意掩人耳目。之所以如此，一来为伏击走私船只，二是此船只肩负着运输海关税银的职能。清朝中后期，走私贸易愈演愈烈，走私船只往往轻便快利，武器精良。因此海关缉私船只也多用轻快桨艇，以图快速追击。

248

图7

图7

　　乌艚，明清时期广东的海运船，因其船身与船尾涂成黑色而得名。本图所绘乌艚船为三桅大型艚船，船首尾高跷，船头绘黄色虎头、绿色彩绘和一只白黑色大船眼。船桅杆悬挂船帆与船旗，船上设有船室，用于存储货物与船员休息。

　　乌艚船原本是东莞特有的一种民船，与新会县、横江县船俱为富家主建造，选精壮民夫驾驶船只，每船四五十人。乌艚船用材坚厚，船身结实，使用寿命较长，造价昂贵，是福船所用银两两倍以上。由于乌艚船出色的优良性，直到清朝中期，仍是广东主要的民用船型之一，常被绘于外销画中。

249

图8

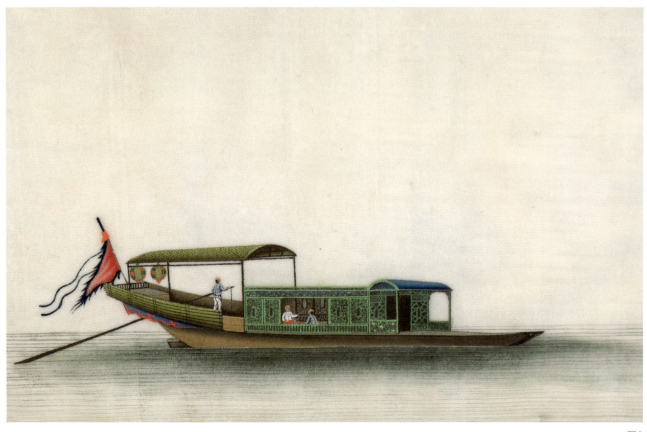

图9

图10

图8

　　西南谷船，运输粮食的船只。该船船首较平，船尾略翘，船上有多个舱室，用于存储粮食和人员休憩。船上有一桅杆，上挂席帆。船尾有一长橹，划橹可使船航行。"西南"是地名，指"西南墟"集镇，在广东三水县东十里，南濒北江，商业繁盛。

图9

　　行尾艇，一种专门供十三行商旅观光游船。船呈鞋状，船首低平，船尾高跷。船上设有宽敞明亮的船室，可供十三行商旅休憩观光。船室外面雕刻十分精致华丽的纹饰并装饰彩色玻璃，使得本船更加惹人注目。船室有二人相对而坐，好似交谈和欣赏江边美景。船尾有一船工驾驶长橹，以使船只航行。船棚盖挂两灯笼，船尾部插一红色船旗。

图10

　　鸭艇，一种用于养殖鸭子的船只。画中鸭艇船首平，船尾高翘，船中间左右有竹编的鸭排，可以用于鸭子养殖。艇上有一人在船尾处打理船只，旁边有一排晾衣架，用于晾晒衣物。鸭艇下面有众多鸭子，或游玩，或觅食。

　　珠江三角洲的渔民除捕鱼以外，在田间和浅水养鸭也是他们重要的生计。由于有地利之便，养殖的鸭在品质方面在国内首屈一指。

　　鸭艇养殖的鸭子多食用肥美的蟛蜞。蟛蜞是珠江流域特有的水中小螃蟹，多食用稻田中的稻芽，为田间一害。《广东新语》载："广州濒海之田，多产蟛蜞，岁食谷芽为农害，惟鸭能食之。"明清时期广州地区出现的鸭艇，是劳动人民因地制宜发展起来的先进养殖技术。鸭艇流动放养既可以治理稻田虫害、清除杂草，又节省了鸭食、降低了成本。

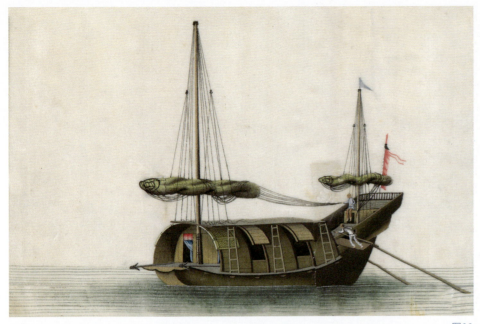

图11

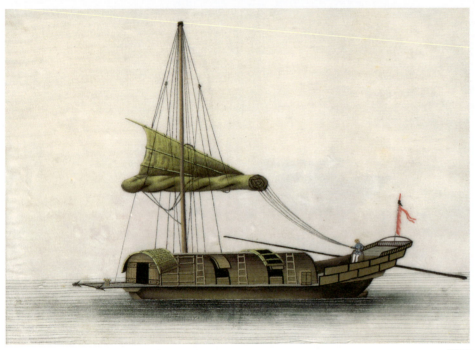

图12

图11—12

西瓜扁是清代广州口岸开放后出现的一种中型运货船，因形似剖开一半的西瓜而得名，又称西瓜扁艇、扁艇、扁船、驳鬼货扁艇等。外国文献称之为"官印船"，认为这是唯一具有官方执照的货物驳接船，常用于轮转洋行饷货的官方指定运输船。

西瓜扁外舷为半圆形，有舱；单桅，桅杆位于中前部，双桅杆则首尾各一；首低尾高，

操帆者站立或坐于尾部，牵动绳索操纵；尾部有橹和舵，无风时摇橹行进；有蓬；前部有突出的甲板，停泊于大船边或码头时方便搬运货物。西瓜扁作为清代广东海关认可的转运船舶，是进出口货物运输的主要力量，在黄埔港与广州十三行商馆区之间、广州与澳门之间的货物人员运输方面发挥了重要作用。

114

顺德协巡检船、中式船舶通草画

Pith paper painting of Shunde ship to assist patrol inspection

清（1644—1912年）
长：33cm 宽：26cm
中国航海博物馆藏

通草画绘有两幅中式船舶，上面一幅通草画所绘船舶为一艘客货船，船首略翘，船尾平，船上有两人操纵船舶航行。该船造型简单，装饰简朴，是典型的中式客货船。

下面一幅通草画所绘船舶为顺德协巡检船，为专门进行水上巡查及缉捕走私的武装船。该船吃水较浅，船尾高跷，船头有一绘青绿色虎头盾牌，甲板上设一火炮，船身涂上浅蓝色、红色，十分醒目。船舷两旁设有多桨，可供多士兵划桨之用。船上设有两桅杆，前为副桅杆，悬挂席帆与粉红色船旗，后为主桅杆，悬挂席帆及"顺德协巡检"黄色旗帜。船舱以厚密的茅草覆盖，似乎特意掩盖，船尾部有两个灯笼及一面红色旗帜。该船帆、桨兼用，机动灵活，驾驶轻便，是内河及近海巡查缉私之利器。

高山族彩绘渔船木质模型

Wooden model of color-painted
fishing boat of the Gaoshan nationality

民国（1912—1949年）
长：32.5cm 宽：8.5cm 高：12.3cm
中国航海博物馆藏

　　该船舟体修长，首尾高耸，从侧面看整体呈拉伸的"U"形，造型具有强烈的形式美感。船绘波浪纹与齿轮状的眼睛纹，其中齿轮状的眼睛纹代表着船的眼睛，具有一定的辟邪效用。

　　达悟船具有悠久的历史，此类木船多被用来捕鱼。这种船在建造过程中，一般先将船首、尾的龙骨与船底的龙骨接合，再接合中间的船板，船板之间各在侧边开槽，再用"巴洛"的树根做成棉花状物进行填塞勾缝，防止漏水。最后用特色的抽象纹饰对船体进行彩绘，有玛瑙纹、银盔纹、波浪纹与齿轮状的眼睛纹等，以黑、白、红三色相间，醒目典雅，具有一定的宗教神秘感，是达悟人出色的装饰风格。达悟船船体曲线优美，造型充满张力，是达悟族人重要交通工具，彰显了他们乐观的生活态度和独特的艺术追求。

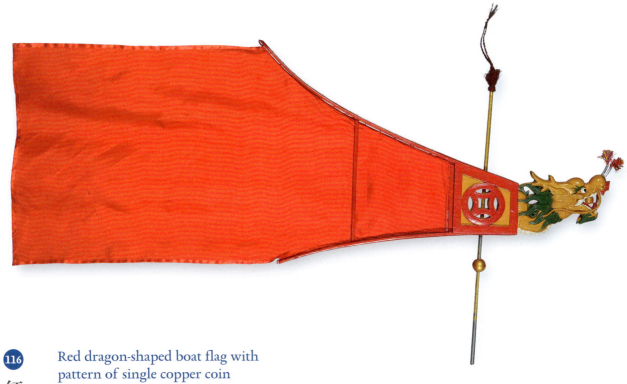

116

Red dragon-shaped boat flag with pattern of single copper coin

红色龙形单铜钱船旗

长：150cm 宽：58cm

中国航海博物馆藏

　　浙江温岭渔民用船旗，手工绘制图样、雕刻及上色。旗幅与旗杆连接处以樟木雕刻铜钱及彩绘龙头形象，是龙文化在现代民间艺术创作中的直观体现。

117

Yellow sea-duck-shaped boat flag

长：94cm 宽：28cm
中国航海博物馆藏

黄色海鸭形船旗

　　浙江温岭渔民用船旗，手工绘制图样、雕刻及上色。旗幅与旗杆连接处以樟木雕刻彩绘海鸭形象。

118

Red sea-duck-shaped boat flag

红色海鸭形船旗

长：90cm 宽：34cm
中国航海博物馆藏

　　浙江温岭渔民用船旗，手工绘制图
样、雕刻及上色。旗幅与旗杆连接处以
樟木雕刻彩绘海鸭形象。

119 **Yellow phoenix-shaped boat flag with a single copper coin**

长：161cm 宽：63cm

中国航海博物馆藏

　　浙江温岭渔民用船旗，手工绘制图样、雕刻及上色。旗幅与旗杆连接处以樟木雕刻铜钱及彩绘凤凰形象。

黄色凤形单铜钱船旗

120

Yellow enchased boat flag with pattern of medium-sized fish

黄色镂刻中鱼形船旗

长：68cm 宽：21cm
中国航海博物馆藏

　　浙江温岭渔民用船旗，手工绘制图样、雕刻及上色。旗幅与旗杆连接处以樟木雕刻彩绘鱼形象。

**Red enchased boat flag with pattern of
medium-sized fish**

长:63cm 宽:21cm
中国航海博物馆藏

　　浙江温岭渔民用船旗，手工绘制图样、
雕刻及上色。旗幅与旗杆连接处以樟木雕刻彩
绘鱼形象。

红色镂刻中鱼形船旗

Red fish-shaped boat flag

红色鱼形船旗

长:112cm 宽:39cm
中国航海博物馆藏

浙江温岭渔民用船旗，手工绘制图
样、雕刻及上色。旗幅与旗杆连接处以
樟木雕刻彩绘鱼形象。

123 COSCO Shipping Universe
(model)

『宇宙』轮（模型）

长：221cm 宽：46cm 高：54cm
中国航海博物馆藏

2018年，中远海运集团21000TEU超大型集装箱船"中远海运宇宙"轮交付。该轮是当时我国自主研制建造的世界最大级别集装箱船。

明清岭南船舶技术的因循与创新

谭玉华[1]

1640年，葡萄牙耶稣会士安文思（Gabriel de Magalhães）来华传教，著《中国新志》十二章，记载中华风物，内里专辟一章写舟船。他说，中国有两个帝国，一个在水上，一个居陆地。外邦人来到一个港口，会看到两个城市，一个船舶之城，一个房屋之城。安文思虽未明言此港口为何处，但当时传教士来华多经海路在澳门登岸，安文思本人1656年也曾奉顺治皇帝之命，从北京到澳门公干，他提到的船舶之城很大可能就是毗邻澳门的广州。除了文字所记，船舶之城的盛况亦可由绘画作品得到印证。一幅收藏于香港艺术博物馆，1825年前后创作的名为《从十三行眺望广州城》（图1）的水粉画，画面三分之一的空间，描绘的是珠江船舶蜂攒蚁集的壮观场景，说是船舶之城一点也不夸张。

一段文字和一幅画面，并不足以说明广州城船舶的全貌，更不足以说明岭南船舶面貌，相对岭南舟船历史之悠久，数量之庞大，种类之繁多，只能算是吉光片羽而已。"舟楫中国：中国古代舟船文化特展"全方位展示古代中国舟船文明的源流衍变，包括广东、广西、海南等省（区）的岭南，作为中国舟船文明的核心区域之一，为中国舟船技术和舟船文化的多样性和丰富性做出了巨大的贡献，其传统船舶，在"舟楫中国"展览中也有一定的呈现。不过，也如一段文字和一幅画面一样，几件展品同样也不足以说明岭南船舶整体特征，这里略用些文字做些补充说明。

岭南地区船舶是地区水域特征、资源禀赋、经济生产方式、国家政策及对外交流的产物，作为前工业社会比较复杂的大型技术产品，在前述诸要素相对稳定的条件下，船舶技术一旦形成就有相当的稳定性和适应性，容易形成一定的技术惯性，甚至技术惰性，也就是所谓的"技术传统"。而从长时段的角度而言，不同时代船舶技术还是有缓慢的发展和创新的，特别是明清以来，西洋船的东来、木材资源的消耗、海禁与贸易结构的变化等等，影响和刺激岭南地区船舶中出现一些新的船型和新的技术要素，形成所谓的"技术创新"。技术传统与技术创新是岭南船舶技术内涵的一对核心范畴，二者结合才能深刻认识和理解岭南船舶发展的历史脉络。

一、内陆山区操小舟

岭南内陆山区水网密布，但往往径流量小，河溪绕转于山丛之中，弯曲无常，水湍浪急，滩

图1 从十三行眺望广州城

图2　西江运谷木马船

多石乱。宋代大诗人杨万里从清远北江上游乘船南下，其行惊心动魄，"峡里撑船更不行，棹郎相语改行程。却从西岸抛东岸，依旧船头不可撑"。"龟鱼到此总回头，不但龟鱼蟹也愁。底事诗人轻老命，犯滩冲石去韶州。一滩过了一滩奔，一石横来一石蹲。"粤西新兴江注入西江的河头段，一路也是水浅沙深，舟行极滞，"二十四山山外山，山山曲曲水湾湾"。"水浅沙胶行不得，朝朝洞口鹧鸪啼。""河头画舰遇风开，十里危滩乱石堆。"水浅滩多，水流湍急，决定了岭南内陆山区的船舶以灵活机动的轻便小舟为主，因为舟小，才会出现"秋冬水涸，舟子率赤身下水挟舟而行"的怪象；因为舟小，人的作用十分关键，行船全靠人力撑架，才有"铁人纸船"的说法；因为舟小，行船机动灵活，上水船只可以使用单舟"小艑"，下水行驶可以拼合双舟为"大艖"，联单为双，合二为一，既可增大船载能力，也可以提高舟船的稳定性。

水浅滩多，行船艰难，所以内河行船出现了各种船头高出，便于抢滩冲滩的货船，应运而生了大量引导航船的滩艇、滩船，造就了一大批熟悉水域环境，精于导航的滩师，清末广西抗法名将刘永福就是滩师出身。

二、大江河口开大船

岭南境内的珠江、韩江、东江、西江等大江，集水面大，水量充足，水流平缓，上下水落差小。大江大河直通海口，沿江经贸繁荣，客运货运发达。船家逐利，总是试图多装快跑，为了多装，这里的船只往往体型肥硕，吃水极深；为了快跑，则采用复合动力，帆拖兼施，缆桨橹并用。例如，航行于西江之上，运送谷米盐木等大宗商品的木马船（图2），就是此类大船的典型。木马船两根桅杆相互支撑，构成人字形，有风时升固定帆驶风，无风或逆风时在桅顶牵绳，雇佣夫役岸上拉纤，或是在船头牵绳，使用小艇拖带。而行驶于珠江口黄埔和广州之间，从事进出口货物转运的西瓜扁（图3），听名字就知道是个"土肥圆"，既装备常见的扇形帆，也使用大橹，水手站在棚顶上，多人共摇一支大橹，景象十分壮观。

图3　货运西瓜扁

图4 六篷船

另外，珠江之上还有一种多桨快船，名曰快蟹，又名蜈蚣艇，在帆装之外，最善用桨，单侧装备一二十支，在水流平缓的珠江口，可以人力划桨，在速度上取得优势。早在乾隆年间，这种船就承担着珠江上货物转运的任务，"红毛鬼子黄浦到，纳料开舱争走告。蜈蚣锐艇桨横飞，婆兰巨捆山笼罩"。快蟹船桨多行速，到晚清时期，成为珠江口鸦片走私的船舶，官方长期对快蟹船束手无策。两广总督李鸿宾，以毒攻毒，建造七艘快蟹船，均匀分布于珠江广州以下河段，进行缉私。到太平天国运动期间，快蟹船也被征调到江浙打击太平军水师。

粤东韩江流域的货船也特别重视动力建设，采用复杂帆装的六篷船（图4），船身昂首巨腹而缩尾，前后五舱。顾名思义，六篷船有六块风帆，中间一块席帆为主帆，席帆两翼又各加装一面布帆，上方加装三面布帆，呈扇形张开，大大超过船宽，便于驶风。韩江流域另有所谓拉缆桅杆渡，亦通过拉纤增强船舶动力。

北江流域，明代宋应星《天工开物》记载有黑楼船，亦是采用复合动力的典范。黑楼船具有船侧撑篙走道，"两旁可行走"。"风帆编蒲为之，不挂独竿桅，双柱悬帆，不若中原随转。逆流凭藉纤力，则与各省直同功云。"则说明黑楼船所用之桅帆为可眠人字桅，用于拉纤以增强动力。

此外，岭南常年高温多雨，为了遮阳避雨，货运大船从首至尾安装十几片船棚，上下两层，可以移动。展览所呈现的外销画中的诸多运米船、谷船等货船就具有多层船棚设施，这类多层船棚可以追溯到东汉时期，在广州先烈路陶船模型、德庆陶船模型和贵港梁君垌陶船模型上都有发现。

三、深海大洋用铁船

岭南地区面向南海，深海大洋，风涛多险，山礁丛杂，海船往往选用铁力木、荔枝木、柚木、梢木等上好木料，用材坚厚，轻微触礁也不致有船毁人亡之虞，因此岭南海船有"铁船"之称。一般船舶在关键部件使用铁力木，特别是舵杆、桅杆、碇齿、绞车等。个别船只全身用铁力木建造，用料厚重，单层板可以达到七寸，十分结实。除了用料外，岭南海船采用水密隔舱和密距肋骨，增强结构强度。

被视为铁船的岭南海船坚实厚重，自重大，吃水深，稳性好，既可抗击风浪，也不怕触礁碰撞，成为明清战船的优选。嘉靖年间布衣军事家郑若曾直言，广船福船，"二船在海，若相冲击，福船即碎，不能当铁栗之坚也"。广东海船木料坚厚，与新式大型火器的兼容性较好，"故可用发熕、佛郎机，不畏震损，海中巨舰，自番舶夹板船而下，则广船为第一"。（图5）

岭南海船坚实厚重，抗虫防腐，能够经受反复熏洗，寿命长，一般达到五十年以上，有的甚至能到六、七十年，海上触礁沉没、遭风失事的情况较少，相较于一般船舶频繁的大修、小修和拆造而言，反而能够节省经费，摊薄建造成本。即便报废之后，其船木往往被转卖拆解，拆出优质船材打造船木家具，甚至可以用于新船建造，从而能够收回部分造船成本。这种旧船拆造，木料重复利用的特色，在今天珠三角地区依然存在。除了较长的使用年限，摊薄了船舶的建造成本，支撑岭南船舶高造价的还有巨大的贸易获利，明中期的东莞乌艚船和新会横江船主要从事沿海盐场与省关之间的食盐运输，国家垄断食盐之利，获取垄断利润，作为专门的运输工具，也可以因垄断获利。

明清以来，长期的海禁政策，造成对外贸易萎缩，岭南海上货运的目的地，国内以东南沿海和北部湾为主，国外以东南亚为主，一般不过马六甲。而南海海域有规律的季风，星罗棋布的群岛，弯环怀抱的半岛、大陆，海屿断续，很像一个内湖，完成一个航行周期的时间短，补给方便，建造大船既无必要，航行也不便利，而中小船型操驾灵活，易于驱避，成为岭南海船的主流。明清以来的海船管理严苛，特别是清代对广东海船梁头丈尺制定的国家标准，对广东海船的船体影响很大。最极端的情况是，康熙四十二年（1703）规定，"出洋海船，止许用单桅，梁头不得过一丈，舵水人等不得过二十名"。此后海禁措施时弛时禁，限制了建造大船出海。而同时期的海战船的尺寸亦受到影响，广东主力海战船乌艚船尺度，以朱纨所记，"其长十丈，其横阔三丈有奇"；清代康熙年间赶缯船官定最大的"长九丈"，雍正乾隆年间赶缯船官定最大的"八丈三尺"，至嘉庆年间赶缯船官定最大"七丈六尺九寸一分"。而且，这些只是制度规定，实际在航的战船尺寸更小。

南海属于热带海洋性季风气候，是台风、暴雨、强风等灾害性天气高发区，海上行船往往颠簸不稳，而岭南对外贸易又以陶瓷、大米、食盐等大宗散装固货为主，极易发生货物移动，影响船舶稳性。因此，岭南海船发展出了密实的隔舱结构，一米左右设置一个隔舱，以横隔舱为主，偶尔也有纵向隔舱，起到固定分割货物的作用，发挥了类似集装箱的功能。这类隔舱客观上加强了船舶的稳性和结构强度，而众多隔舱进行水密处理，也无形中提高了船舶的安全性。不过，密实的隔舱也导致岭南海船无法运载木料等大型货物。宋代钦州产乌榄木，是造舵良材，但是番禺、泉州等造船基地，这类乌榄木舵价昂量少，皆因乌榄木"材长甚难海运"，而乌榄木最长也就五

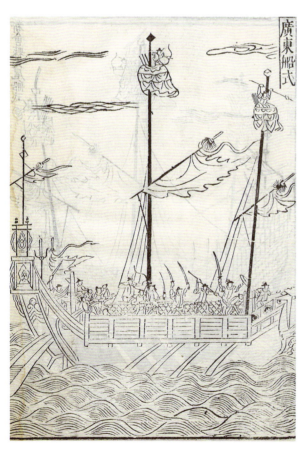

图5 《筹海图编》图绘广东船式

丈，颇能说明具备水密隔舱的岭南海船运输大型货物的局限。（图6）

南海海域海况复杂，风灾频繁，岭南海船的帆装系统采用平衡斜桁席帆，能够迅捷折叠缩帆，驶风避险。岭南海船的中插板、首插板、开孔舵的设置，也是多风海况下创制出来的。类似船舶设施，在少飓风的大西洋欧洲沿岸则不多见。同时，南洋近海海底"泥性柔"，所以岭南海船多用木碇，便于抓地，而少用铁锚，以防走锚。

南海密布岛礁，岭南海船海上航行有了天然的航标，罗盘和更路簿即可足用，发展现代导航技术的动力不足。与之形成鲜明对比的大西洋海域，则是另一种情况：大西洋上连北极，下通南极，处于两大陆板块之间，南北长、东西窄，无论南北航行，还是东西航行，所经海域气候及洋面极为复杂，缺少海面参照物，对航海导航技术要求高，复杂的天文航海知识就特别发达。

四、开放包容创新船

岭南地区相对稳定的地理气候特征、海域环境、政治贸易情势，使得岭南船舶具有相当的稳定性。同时，岭南地处边疆，对外交流频繁，岭南海船受域外船舶技术熏染最为直接，往往得风气之先，很早就具备了西洋化特征，进行了近代化尝试。

明朝正德年间，盘踞马六甲的葡萄牙人，率领船队到达广州城，地方为了应对威胁，平衡葡萄牙船只上的火器优势，将佛郎机铳迁移至战船之上，引入了葡萄牙人在东南亚使用的兰卡桨船，也即所谓的蜈蚣船。

明末中国大型海船开始应用红夷大炮，采用独立火炮甲板以及舷窗、炮眼。1637年，英国船队六艘大小海船航行至广州，当时，船队负责记录航海日志的穆迪，图绘并描述了珠江口的中国水师战舰。舰队旗舰船侧有炮廊，通过舷窗伸向外面，

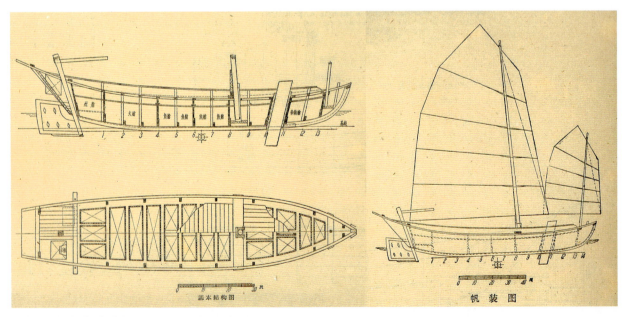

图6　广东三黎渔船结构图

图7　比利时安特卫普河边博物馆藏头艋模型

图8　索高罗夫《中国船》收录华南商船

炮身装饰龙纹，炮体量很小，就像英国船的艉艛楼的炮。但从图绘来看，该船采用了独立火炮甲板，单侧船炮数量14门，上层7门，下层7门。不但如此，这艘大海船还采用了西洋式样的侧支索，用以牵拉固定船桅。

19世纪，经由澳门葡萄牙人推动，在澳门创制出了欧式船身中式帆装中西合璧的老闸船，成为岭南船舶技术创新的成功案例。19世纪下半叶，头艋（红单）在岭南沿海货运和军事领域成为主流船型，数量多，影响大。（图7）其在保留岭南海船传统特性的同时，西洋化程度加深：两侧的舷板萎缩，船身的框架结构简化，装饰消失。船首水上部分呈钝三角形，水下部分安装头鳖呈鸡胸形，能够经受风浪，减少前进阻力。头艋在岭南地区货物运输和军事斗争中，发挥了重要作用。展览中出现的华南商船，也属此类西化程度较深的船舶。（图8）鸦片战争前后，整体购买和仿制西洋船也是在岭南率先开始的。

注释

1　作者简介：谭玉华，中山大学博物馆（校史馆）馆员。

"何以中国"的蓝色表达
——"舟楫中国：中国古代舟船文化特展"策展思考

单丽 李学茂 贺丽莉 沈捷 张沁 王宁宁 杜旭初[1]

中国古代舟船发展绵延悠久。在几千年的历史中，我们的先民以惊人的创造力，孕育出独具特色的舟船建造与航运技术，创造了非同一般的中华舟船文明。为揭示"何以中国"的蓝色文化内涵，中国航海博物馆立足馆藏，精心挑选传统木质船模、玉雕与牙雕船模、航海罗盘、针路簿、船景通草画等特色文物约130件/套，于2024年5月至10月推出别具一格的"舟楫中国：中国古代舟船文化特展"（图1），系统展现中华舟船文明的源流衍变。

一、我们想表达什么？

伴随着中华文明探源工程结出累累硕果，自2022年初开始，通过陆上考古发掘文物来实证中华5000年文明史的展览频现。[2]2022—2024年，上海博物馆"何以中国"系列展连续举办三场，该展览系列聚焦中华文明多元一体主题和最新考古发现，[3]成就了业界识别度极高的现象级"国民展览"。展览掀起中华文明探源热潮的同时，同主题纪录片加持了这一主题故事的讲述，[4]助推了文博行业将青铜器等考古文物作为中华文明主要承载物进行研究与展示的热潮。

毫无疑问，中国有悠久的陆地农耕文明，中华文明的实证需要考古中国视角所代表的陆地文明的发掘，但与此同时我们也应注意到，这一实证中罕见有来自与陆地文明相对应的航运与海洋的蓝色观照。中国拥有漫长的海岸线及丰富的江河湖泊资

图1 "舟楫中国：中国古代舟船文化特展"海报

源，8000多年前的萧山跨湖桥独木舟更是以"中华第一舟"的标志性身份，展示了中华悠久的舟船文化与文明创造。传统时代，江河湖海所串联的航运网络在运人载物中发挥了重要作用。依托舟船航运，区域内甚至跨海间的物质、文化得以交流融通，承载中华民族智慧的中国舟船穿梭于江河湖海，将包括中国在内的世界有效连接成为整体，在世界航海史上留下了惊艳一页。舟船对中国如此重要，甚至到了当下，海运承担了我国95%以上的进出口货量。《中国港口运行分析报告（2024年）》显示，超八成的国际贸易通过海上运输实现，2023年中国外贸海运量已占全球海运量的30.1%，海运成了中国外贸的"大动脉"。然而吊诡之处在于，在当下习惯陆运的公众感受中，舟船航运似乎并非显性存在，培养航运人才、大力发展海运、培育海运与海洋经济也并未成为公众的共识与自觉选择。作为国家级博物馆，中国航海博物馆有责任和义务体现行业与专业担当，这也成为我们举办该展览的初衷：通过中国航海博物馆的特色舟船及相关文化馆藏，引领观众了解中国璀璨的舟船文明，感悟"何以中国"的蓝色内涵，在明了我们从哪里来的基础上，引发到哪里去的思考。

二、哪些要素会影响我们的表达？

毫无疑问，当下海、陆、空立体式的畅通路线、多样化的交通工具，且个体感受中陆上以铁路、公路为主的交通模式，已经迥异于往昔。历史宛如异乡，安眠在少为人知的角落。这种过客般自然的置身事外甚至并非完全由古与今的差异所造成，也受主题表现力、个体感受度的限制。正如"要想富、先修路"的道理虽广为人知，但也只有在新冠疫情期间交通路线阻滞之时，民众才会深刻感受到交通畅达对物质运输、人员交往的重要性。

包括航运在内的水上交通长期隐入日常，这种日用而不觉的存在感缺失，使得这一主题缺乏如探秘三星堆主题那般吸引观众触摸的想象力，也会使得我们力图让本应被重视的关注对象浮出历史水面、再现脉动的过往，成为极具挑战性的工作。

在航运主题展示中，舟船及其相关的周边因其在航运中的肘腋作用，成为我们主题表达的重点，甚至是主擎牵引。船模是中国航海博物馆的特色馆藏，古今船模有800艘左右，其中古代船模约占200艘，适合放在临展厅展示的2米及以下的船模有100艘左右，如果出于藏品保护的角度将船模置于展柜，则可用船模数量将更少。但舟船主题展又会使策展团队想在有限的空间内展示更多船模，其中包括超出展柜尺寸的船模，展什么、展多少、怎么展？成为策展团队要把握的重要平衡点。除此之外，馆藏船模在时间、空间分布上并不成系列，且有部分置于常设展线上，这也使得依靠船模本身来展示舟船源流的想法难以成行。从有限的船模中遴选具有代表性的船模，架构言达主题的逻辑框架，成为我们要解决的重要问题。

展览叙事中，时间逻辑、地域逻辑以及专题逻辑是常采用的叙事逻辑。比如中国航海博物馆航海历史常设展厅，就是时间脉络下的重大航海事件、重要航海人物、重要舟船发展成就等展示点的梳理，当中结合了诸多地方典型舟船，兼具时空特点。新的专题舟船展，应该成为展示中国航海史的一个剖面，但又要具有与常设展不一样的新鲜感，这不仅是观众视角的策展考虑，也是中国绵长广袤的沿海区域、悠久的历史所代表的浩瀚时空跨度，与有限展示空间、可用展柜数量及展品数量对比的客观事实所左右的。策展是客观条件下的创新探索，也促使我们突破时空维度，努力寻找吸引观众观展兴趣的叙事逻辑。

如前所述，该舟船文化展力图实现"何以中

国"的蓝色表达，而溯源文明、展示文化是宏大的命题，这一命题的阐释往往容易出现与观众距离过远的通病，同时舟船又涉及到深厚的专业历史文化，我们该如何设置内容并通过精巧的设计来拉近与观众的距离，提高观众的参与度，这也是策展团队要考虑的问题。

三、我们该如何表达?

无论多么宏大的命题，都是凝荟承载于具体事、物之上的。既然要实现"何以中国"的蓝色表达，中华文明连续性、创新性、统一性、包容性、和平性的五大特征，便天然成为展览要着力完成的表现点，我们需要在中国航海史中搜寻具有这些特征的展示内容与代表性展品，充分支撑我们的主题表达。在展览叙事包括文章撰写中，问题式铺叙更易于引起观众与读者的兴趣，将听故事的人拉入故事氛围，跟着故事讲述者一起探寻答案。

鉴于以上考虑，我们在展览叙事打破陈规，将体现中华舟船文明连续性、创新性、统一性、包容性、和平性的造船、航运技艺及航海活动，融入"何以行舟""船行万域""文化之舟"三个空间叙事，尝试在我们的先民为何行舟又何以行舟，他们创造了哪些船型舟式去跨江越洋，驶向蔚蓝，过往的帆影舟迹又映照了怎样的九州千年等问题的解答中，展示极具中国特色的舟船文化，及其深沁入中国社会肌理，影响国人生活与精神世界，串联起万域繁荣并流淌出当今世界的传奇过往，探寻当下海洋强国建设的原乡之地。

与世界其他地区的舟船文明不同，中国舟船文明不仅表现为起源早、水平高，更表现为特色显、底蕴深，这也使得古代中国在跨区域航海方面的成就非同一般。

展览第一单元"何以行舟"，从"泽国万里""营造法式""航行之技"三个小节，重点聚焦中国舟船建造或航行技艺中具有世界或中国之最特征、体现中国特色的展示点。"泽国万里"小节通过《水经注》《皇清天下舆地全图》等图籍藏品结合《万里海防图》等图文版面，展示古代中国通江达海的水网环境，促使了在传统社会运人载物中发挥重要作用的水上交通方式的形成，这是传统中国迥异于当今中国的不同底色。"营造法式"小节通过溯源中国目前发现最早的桨、最古老的古船遗迹等历史，以及极具中国特色的舟船建造如水密隔舱等的展示，彰显我们的先民在造船方面的伟大成就，这些营造法式传至世界各地，对世界其他地区的造船技术做出了贡献。"航行之技"通过逆风调戗、陆路导航、轮桨行船、锚碇泊船、针经图式等极具中国特色古代航海技术航展示，凸显中华文明的蓝色基因，展示世界航海发展的特色构成。本单元的甲骨上"舟"形的展示，桨、23轮车船等中国与世界之最的展示，针路簿与山形水势的中国特色展示，都很好的体现了中华文明的连续性、创新性等特点。

单元重点展品有23轮车船船模、清正鸿源木质航海罗盘和清道光辛卯年针路簿等，用以表达中

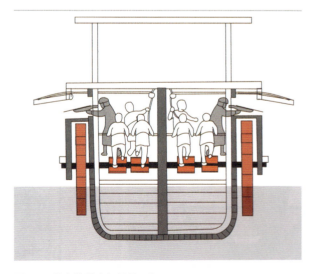

图2　展览中的轮车船操纵图版

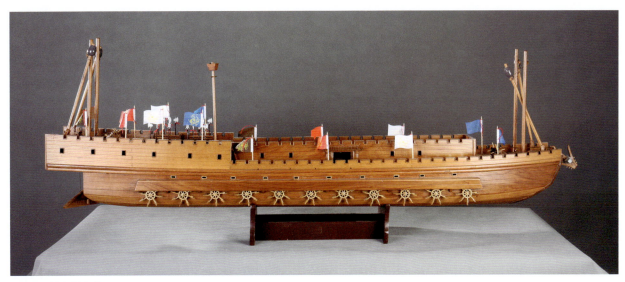

图3　23轮车船船模

国领先世界的造船技术，以及有别于世界其他地区的特色航海技术。我国是最早发明车船的国家，早在南北朝时祖冲之就开始使用车船。车船优点在于它的水轮可以连续转动，提供动力。操作时，船工站立用身体力量将脚踏板压下，连续踩踏使轮轴连续转动，从而翻动水轮。转动轮可正转也可反转，实现灵活前进或后退。（图2）所展23轮车船船模制作精良，左右船舷各有11个轮桨，船尾有一尾轮桨，共23轮桨。（图3）23轮车船在宋金采石之战中发挥重要作用。宋军凭借此船大破金军，取得战役胜利。

　　指南针是中国的四大发明之一。所展清正鸿源木质航海罗盘是海上导航工具，用于指示方向，是典型航海罗盘样式，"正鸿源"是制作此航海罗盘的堂号，相当于厂家品牌。（图4）航海罗盘脱胎于堪舆罗盘，即风水先生用来看风水的罗盘，但风水罗盘更复杂，有很多卦象的叠加，而航海讲求简洁实用，所以就采用了堪舆罗盘中最简易、最基本的24方位布局（图5），由十二地支、十天干中八天干和八卦中代表四维的"乾、坤、艮、巽"组成一圈24方位指向来指示方向。[5]

图4　清"正鸿源"木质航海罗盘

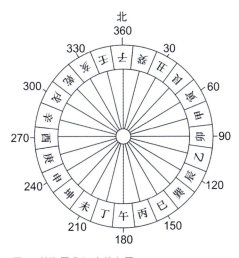

图5　航海罗盘24方位布局

与航海罗盘密切相关特色构成的是针路簿和山形水势图。针路簿是专门记述航线行径、港口水文环境等内容的航海指南，是中国独特的航海文化遗产。《清道光辛卯年针路簿》记载了宁波到海南的很多航线，以及潮水、风向、节气等情况，内容非常丰富。目前常见针路簿多为民国年间版本，"舟楫中国"特展所展针路簿版本较早，封底墨书"清道光辛卯年置"字样（图6），显示其为极为罕见的清代版本，对于了解清代航路及港口环境有重要价值。山形水势图是针路簿的姊妹篇，作为航海图的一种，山形水势图存留了与针路簿对应的航线行径的山形与水势情况，是针路簿的直观对照。两相参比，不仅为船员后人留存了珍贵的航海经验，也为优秀航海人员的养成提供了尽可能全面的理论基础。[6]

为提高观众参与度，本单元设置两个特色互动环节：代表中国舟船传统建造工艺的榫卯结构互动装置（图7），和代表中华文明连续性与创新性的指南针辨向互动设置。在指南针辅助展品的挑选中，策展团队特意挑选了具有传统24方位布局、且对应当下常用精确度数的罗盘模式（图8），便于观众直观对应，建立古今联系。

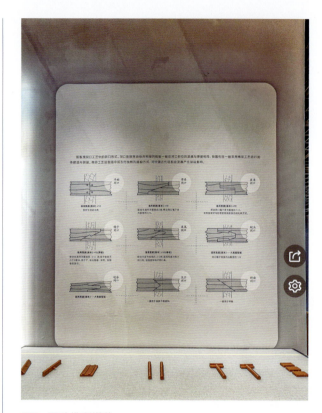

图7 互动榫卯拼装

图6 清道光辛卯年针路簿

图8 互动指南针

展览第二单元聚焦船本身的展示，突出中国古代舟船航行范围之广、舟船种类之多、以及其与国家发展和民众生活之密切，彰显中华舟船文明的统一性、包容性与和平性。这是展览内容叙事的重点，也是展示的难点。

如前所述，船模展品相对较大、展柜及展示空间有限，尤其是船模难以按时间逻辑形成系列，使得策展团队思考以地域上线与点结合的方式推进展览叙事。内河而言，大运河、长江在航运历史上发挥了重要作用；向外而言，传统中国又面向海域世界，走出了一条共赢互惠的海上丝绸之路，因此本单元第一节以"帆影天下"为题，结合图文版面从南北、东西两个维度，以汴河客船船模、运河漕船船模搭配《姑苏繁华图》《登坛必究》(漕运卷)、《中衢一勺》等重点展品展示了大运河上的舟船(图9)，以黄河沙船船模、太湖七扇子船模、清《镇江到武汉长江河道图》等重点展品展示了黄河、长江上的舟船，并通过华光礁1号、南海Ⅰ号、泰兴号船模与瓷器组合，以及以郑和下西洋作为中华文明和平性的代表，通过郑和坐像、金锭、《布施锡兰山佛寺碑》拓片等组合，展示了航向世界的中国舟船及其相关历史文化。

与此同时，中国舟船深沁入传统社会的方方面面，客船、货船、渔船、军船等中国古代各式帆船活跃在航线上，不仅实现了人、货的流动，更是带动了河海两岸的繁荣和港埠城市的崛起与发展，串联了水上世界的万域繁荣。舟船航行区域的广博性和舟船造型与功能的多样性，可以很好的展现舟船文化的统一性与包容性等特性。本单元第二小节"舳舻千里"在实现船模通透展示但又保护船模少受裸展损害的前提下，以开放式场景，通过搭建舟船集中展示区域，重点展示了客货船，不仅完美解决了大体量船模展示的难题，更是以密集展示的冲击力，彰显中国古代舟船文化之恢弘(图10)；渔船展示则将海洋动物标本、海洋主题瓷器与铜镜、织锦、插屏等生活用品组团展示，凸显舟船亲和生活、给养日常的一面。舟船流动也带来了区域发展，"港船相生"小节遴选了历史长河中向海而生的代表性港口城市——广州、扬州、宁波、泉州、上海，作为海域与陆路社会融合的代表，以历史滚滚向前的沉浮铺叙，展示海洋视角下地方发展的时空特性。该部分采用了背景展板介绍港埠舟船文化加地方代表性舟船模型的标准化组团展示，如上海港的展示中突出

图9 大运河舟船文化展示

图10 客货船密集展示区

了提炼江海通津的地域特征，选取唐代青龙镇、元代漕运等上海地区代表性发展时点，结合上海航运的代表船模上海沙船，来展示上海港船互动的历史。本节空间叙事中很好的借力了客货船密集展示区的背面，一边是各色舟船，另一边是舟船视角下的港埠发展，形成视觉上的展示高潮。

本单元特设捕鱼达人互动展项，引导观众了解通草画中的海洋生物，以四个pad操作屏连接大展示屏的方式，通过进度条控制完成捕鱼任务，成功后大展示屏会显示海洋生物的形态及名称，达成互动目标。该展项的挑战难度、趣味性等，极大满足了观众尤其是青少年观众的互动需求，成为本展览最受欢迎的体验项目。（图11—13）

舟船不仅是物质载体，更塑造了中华独特的舟船文化。千百年来，系于舟船的信俗文化与艺术创造，成为了中国人宝贵的精神财富，给予我们美的享受和前行的力量；同时舟船又构建起异质文明交往的桥梁，不仅滋养了本土的水上艺术和文化，也渐趋消弭了异域现象。展览第三单元"文化之舟"从"信仰往来"和"舟船艺术"两个小节，前者主要围绕诞生于中国本土并随航海传播至海外、尤其是对东南亚地区产生深远影响的海神妈祖信仰，以及诞生于海外传入中土并促使中国僧人赴海求法的佛教而展示，从走出去与引进来的两个典型案例，重点突出了信仰突破国界、于互鉴融合中串联世界的独特包容性，主要展品包括各种材质、各个年代的妈祖塑像及法器，以及《过海大师东征传》《三教指归》等佛教文献，采用了藏品结合图文展板的展示方式；后者则深度挖掘传统与近代艺术品中的蓝色意蕴，通过山水舟船主题书画、瓷器、青铜器，尤其是牙雕与玉雕以及银质船模、外销通草画等特色展品（图14），体现舟船建造工艺衍生的审美情趣。本节立足本馆外销通草画的深入研究，[7]特设"认识通

图11　捕鱼达人互动展项

图12　Pad海洋生物画面

图13　观众体验捕鱼达人展项

图14 舟船艺术"精雕细琢"展柜

图15 "认识通草画中的中国舟船"互动展项

图16 宇宙轮展柜及当代舰船照片墙

草画中的中国舟船"翻板互动展项，以正面置图、反面列船名的方式，增加观众动手参与学习的乐趣。（图15）

展览的尾声部分做了古今映照的展示，：以宇宙轮船模作为展示重点，以包含爱达·魔都号大型邮轮、大型液化天然气船（LNG）、航空母舰等造船工业"三颗明珠"在内的当代代表性舰船照片的整面照片墙作为辅助展示（图16），实现中国传统舟船文化是当代舟船建造以及航运的原乡之地、中国舟船文化由古到今传承至当下并将航向未来的展览叙事。

展厅设计以明显的色调区分单元内容，简约大气的空间布局、清晰直观的参观动线、干净明快的色彩搭配、多元创新的展陈手法，在有限的展厅空间内，尽显文物之精美、舟船文明之宏煌，与展

览内容相得益彰。

展厅空间布局注重流畅性，采用"虚""实"结合的手法。利用实体墙、透明玻璃展柜、悬挂构建和地台分隔空间，既保证了内部空间的稳定性，又能使不同空间彼此呼应、相互渗透，空间层次感更加丰富。

围绕"中国""舟船技术"等展览关键词，展览选用了蓝绿色、红色、绿色，将低饱和的色彩应用于不同板块，同时用米色柜内展板贯穿始终，既能让观众直观感受到不同的展览内容，又保持了空间的整体性。（图17—19）

观众友好方面，展品的摆放关注到了观众的舒适视角，将大体量的船等展品放置在眼睛平视并稍靠下的位置，使此类展品的信息可以更好更多地传递给观众；说明牌文字尽量放大，用以缓解观众

深入学习的疲劳；精心设计的榫卯拼接、古船捕鱼达人、认识通草画船舶、古船模制作等互动展项，寓教于乐；船模密集展示场景等创新设计，营造了极具视觉冲击力的舟船特色展览，让观众在视、听、触的全方位体验中，感受中华博大精深的舟船文化。

展览深度践行"博物馆致力于教育和研究"的理念，立足本馆新近编著的《云帆万里：中国航海博物馆馆藏选粹与释读》等学术研究成果，[8]打造面向观众的航海文化盛宴。配套展览，中国航海博物馆开展学术座谈与讲座、出版图录、策划特色社教活动、[9]开发特色文创、[10]制作云展览等，并将展览输出至北外滩国际航运论坛等国际交流场域以及交通枢纽、博博会等人流密集的公共区域，让中国特色舟船文化润泽四方。展览开幕期间共接待观众近25万人次，社会反响热烈。央视新闻、新华社、人民网、东方卫视等数十家多家媒体对此次展览进行了广泛报道。（图20—26）

四、我们还想表达什么？

作为立足本馆馆藏的大型原创展览，每一次展览策划都是对家底的摸排，对新故事讲述视角的构思，更是与行业对话的尝试，以及对策展团队的历练。

舟船是中国航海博物馆的馆藏特色，也是中国航海博物馆研究、研制、展示的重点。"舟楫中国：中国古代舟船文化特展"转化了本馆多年研究成果，同时展示了本馆船模研制中心制作的船模，体现了中国航海博物馆在舟船研究、船模研制、展示转化的体系化成长之路，不仅为未来业务发展树立了特色范式，更是以中国蓝色航海文明展示补益陆地黄色文明讲好中国故事，以中华优秀航海文化滋养当下航运发展的积极尝试。

图17　第一单元以蓝绿色基调引入

图18　第二单元以红色助推高潮

图19　第三单元以绿色铺叙美好意境并隐喻希望

图20　学术座谈

图21　船模制作互动

图22　小小讲解员活动

图23　探展网络直播

图24　展览文创

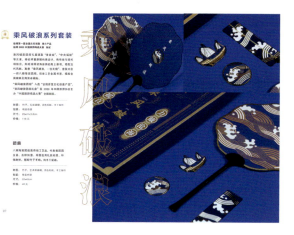

图25 展览图文内容亮相2024年北外滩国际航运论坛

图26 展览信息发布

中华大地山河锦绣，滋养了世界上唯一绵延不断并以国家形态发展至今的伟大文明。地域特色鲜明、串联古今的舟船文化是地方文化尤其是民族文化的优秀且独特代表。多样舟船的背后，是中国广袤地域上多元一体的华夏民族，他们是这个文明古国强大、富有生命力的见证。这样的特色民族有哪些？他们的生活是怎样的？这将是我们2025年"舟楫中国"系列第二展——"少数民族舟船和渔猎生活展"要讲述的故事。

注释

1 作者简介：单丽，中国航海博物馆研究馆员；李学茂，中国航海博物馆馆员；贺丽莉，中国航海博物馆馆员；沈捷，中国航海博物馆副研究馆员；张沁，中国航海博物馆馆员；王宁宁，中国航海博物馆馆员；杜旭初，中国航海博物馆馆员。

2 如2022年初，国家文物局指导，北京故宫博物院、中央广播电视总台联合29家博物馆举办的"何以中国"展开幕。该展单元依水而定，从"源""流""汇"三个部分，通过130余件珍贵文物，将中华文明的起源、传承、发展连为一体，凸显了中华文明的灿烂成就和为人类文明做出的重大贡献。

3 首展"宅兹中国——河南夏商周三代文明展"于2022年7月开幕，上海博物馆以此开启了上海博物馆"大博物馆计划"。此后，上海博物馆分别于2023年和2024年举办了"实证中国：崧泽·良渚文明考古特展"和"星耀中国：三星堆·金沙古蜀文明展"，将中华文明多元一体故事的讲述，从黄河中下游续借到长江中下游，在转向古蜀文明之后将继续延展，其长期规划将延伸到未来十年，用以讲述中华文明多元一体的故事。

4 由国家文物局和上海市委宣传部指导，上海市文物局支持，上海广播电视台于2023年底制作播出的《何以中国》8集系列纪录片，立足"中华文明探源工程"和"考古中国"的重大研究成果与最新发现，讲述多元一体中华民族的形成和中华文明创生的故事。2024年底，寻古中国系列纪录片第二季开播，其中有5集录制了水下考古，依托"南海I号"古沉船、漳州圣杯屿沉船、"长江口二号"沉船、南海西北陆坡一号和二号沉船、甲午沉舰考古发掘和历史研究新成果，突出反映我国四十余年

水下考古发展过程中的关键节点、重大事件，充分展示水下考古与创新科技紧密结合创造的世界水下考古壮举。

5 详见单丽：《清正鸿源航海罗盘》，载中国航海博物馆编：《云帆万里：中国航海博物馆馆藏选粹与释读》，上海书画出版社，2023年，第182—189页。

6 详见单丽：《清道光辛卯年针路簿》，载中国航海博物馆编：《云帆万里：中国航海博物馆馆藏选粹与释读》，第190—196页。

7 单丽：《19世纪佚名中试船图通草画册》，载中国航海博物馆编：《云帆万里：中国航海博物馆馆藏选粹与释读》，第88—101页。

8 本馆代表性研究著述有，中国航海博物馆编著：《匠心问舟：第一届中式木帆船模型展评大赛集萃》，中西书局，2019年；中国航海博物馆、王煜、叶冲编著：《中国古船录》，上海交通大学出版社，2020年；中国航海博物馆编著：《云帆万里：中国航海博物馆馆藏选粹与释读》；中国航海博物馆组编，王煜、叶冲编著：《中国传统舟船文化遗产调查》，上海交通大学出版社，2023年。

9 如开幕当天组织古今航运座谈会，展览现场开展船模制作互动，推出小小讲解员和专业造船专家特色讲解服务，设置30个重点展品语音导览等，并在官方网站上发布展览宣传推文、展览宣传视频，策划探展网络直播，吸引观众前来观展。央视新闻、新华社、东方卫视等数十家主流媒体对展览进行专题式的报道。

10 系统开发舟船文化文创，推出"四大古船模型系列""乘风破浪系列套装""宝船的秘密立体书""郑和系列""非遗传承人船模定制"等32款文创产品。

中国内河湖泊中极具特色的沙船型大渔船：太湖七扇子

叶 冲[1]

中国各地的传统舟船，不仅种类繁多，且各具特点，有的还极富特色，呈现出多姿多彩的面貌。中国航海博物馆2024年推出的"舟楫中国：中国古代舟船文化特展"，展出了不少富有特色的舟船，其中就包括太湖七扇子。（图1）从全国水域范围看，太湖七扇子极具特色与代表性，本文试作介绍如下。

一、太湖七扇子的多样名称

从南宋以来至今，太湖七扇子的名称，多种多样。这些名称各具深意，有些揭示了船只的功能，有些则巧妙地反映出了船只的特征。通过这些名称，我们可以获取到许多关于七扇子的特色信息。以下是一些被记载下来的不同名称。

图1　中国航海博物馆《舟楫中国》展览展出的太湖七扇子模型

帆罟：南宋叶茵《渔家行》诗曰："钓筒钓车谩百尺，团罟帆罟空多般。"[2]明清的多部文献如《江南经略》《明经世文编》《武备志》、（崇祯）《吴县志》、（万历）《青浦县志》、明末清初《天下郡国利病书》及（乾隆）《江南通志》等均记有"帆罟"。

帆罛：南宋张达明编绘《吴江渔具图》17幅，每图题诗一道，其中有《帆罛》诗。（乾隆）《震泽县志》记"帆罛，舟大而用帆也"[3]，即"帆罛"是用帆推进的罛船，是一种大船。

大罟船：明万历十六年（1588）彭而珩在《湖盗出没叵测议处访守疏》中谈太湖的湖防时说到："湖船有六七桅者，名曰大罟船。湖荡之民，世世捕鱼，多以是船为家……罟船大而贼船小，贼船每为罟船所压，此其力诚有可藉而用者。"[4]彭而珩使用"大罟船"名称，描述了这种渔船的诸多特征，包括：有6－7桅；渔家世代以船为家；比盗贼船大而可用于湖防。

戈船：明代孙爽（字子度）有《太湖戈船》诗。清代朱彝尊注"子度《戈船》之作，系《太湖杂咏六首》之一。戈或作罛"[5]，即"罛船"是"戈船"的一种写法，《越绝书》记："勾践伐吴，霸关东，从琅琊，起观台，台周七里，以望东海，死士八千人，戈船三百艘。""戈船"来源于春秋时期的越国，是太湖渔船的一种古称[6]。

罛船：清代朱彝尊《罛船竹枝词》曰"平江渔艇瓜皮小，谁信罛船万斛宽"，以"万斛"形容船大。清代女诗人王贞仪有诗写道："万倾湖波汇具区，罟船点点傲轻鼍。舟居莫笑如螺壳，安稳由来陆地输"[7]，描述了罟船驾驭波涛的轻松与船上居住的安稳不输陆地。清代鲍鉁《村行杂诗》曰："风吹五两罟船驶。"[8]清代陆奎勋《渔洋晚眺》诗曰："万斛罟船柳叶轻。"[9]清人朱依真《望鱼台诸山》诗曰："今日全湖落掌间，罟船钓艇集湾环。"清代《太湖备考》称太湖渔船"最大者曰罟船"。民国时期的文献，如1930年出版的《工商半月刊》、1939年出版的《吴兴农村经济》等也均有记载。

六桅渔船、六桅船：清代吴庄有《六桅渔船竹枝词》十首，另在《豹留集》《半园诗文遗稿》记载"六桅渔船"。（同治）《苏州府志》、（光绪）《宜兴荆溪》、（民国）《吴县志》等均有记载。《大清高宗纯皇帝实录》记乾隆十二年（1747）尹继善奏报太湖"六桅船"情况，清《渊雅堂全集》《太湖备考》、（道光）《苏州府志》、（民国）《吴县志》等均记载过"六桅船"。

七桅船、七扇子、七扇头：六桅船后来增加一根艄桅，改制为七根桅杆，悬挂篷帆七道，形成"七桅船"，太湖渔民则根据此船帆多的特点，俗称"七扇子""七扇头"。[10]当七桅同时挂上篷帆时，远望如一把打开的苏式折扇，故又俗称"七扇子"。[11]

大渔船：是对太湖中七桅船、五桅船两种大型渔船的总称，主要见于民国时期的文献记载。如1935年的一篇题名为《太湖》的散文，讲到太湖有"大渔船"，并且是太湖渔船中"规模最大的"。[12]

上述名称，从时间出现先后看，如果按明代孙爽所说，"戈船"或作"罟船"，那么春秋时期的战船"戈船"就是太湖七扇子最古老的名称。"帆罟""帆罛"名称，主要见于宋代与明代。"罛

船""六桅船""六桅渔船"主要见于清代与民国时期。"大渔船"见于民国时期，"七扇子""七扇头"是当地渔民的俗称，见于当代的地方史志及相关论述材料中。

从命名用词看，"帆罛""大罟船""帆罟""罟船"均含有"罟"或"罛"字。《说文解字》说："罛，罟也。"《尔雅·释器》曰："鱼罟谓之罛。罟，音古，渔网之意。"故，以"罟"或"罛"字命名，重点揭示其用渔网捕鱼。"帆罟""帆罛""六桅渔船""六桅船""七桅船""七扇子""七扇头"，含有"帆""扇"或"桅"字，重点突出多桅多帆的鲜明特征。

二、太湖七扇子的传奇来历

关于太湖七扇子的起源来历，有两种影响较大的说法：

一为范蠡遗制说。民间传说，春秋末期，越灭吴后，范蠡带西施逃出苏州，隐居在太湖三山，故称蠡墅山。二人以捉鱼为生，西施死后葬在那里，当地还有梳妆台、水葬台的传说。相传，越王勾践命范蠡去蠡墅，督造迁都用船，此举正中范蠡下怀，范蠡乘机造船开溜。传说太湖六桅船就是范蠡为"移家"而造的。清代吴庄《六桅渔船竹枝词》曰"遗将六扇移家具，尽与渔郎觅食衣"并注："相传六桅船式是范大夫遗制"[13]，他在另一著作《半园诗文遗稿》中注："《志》载范蠡尝止钓于杜圻洲，相传六桅船式是其遗制。"[14]（道光）《苏州府志》也记："相传六桅船式是范大夫遗制。"[15]吴县《香山小志》载："六桅，相传为范蠡泛湖遗制。"清代王芑孙说："湖中六桅船，鸱夷所遗迹，其民皆水耕子孙。"[16]"鸱夷"是范蠡隐居江湖后的自号。[17]

二为岳飞水师兵船改制说。《岳鄂王行实编

年》记：建炎四年（1130）春正月，"金人攻常州……时郭吉在宜兴扰掠吏民……先臣得书，师往宜兴，甫及境，吉已战，百余舟逃入湖矣。先臣立遣部将王贵、传庆将二千人追之，大破其众，驱其人船以还"[18]。《宋史纪事本末》记载："金山攻常州，守臣周杞遣赤心队官刘晏击之，迎岳飞移屯宜兴，盗郭吉闻飞来，遁入湖。飞遣王贵等追破之，尽降其众。"[19]（光绪）《武阳志余》载："建炎三年，金人犯常州，赤心队将刘晏时屯青龙镇，郡守周杞请救。晏率精锐七千，出奇大破之，驻兵夫椒山。寇再至，晏选舟师战于太湖，降其兵千五百人。"[20]这些志史记述了岳家军的水师曾驻守太湖，并与金兵交战。当地渔民世代相传说：七枙大渔船据称源于春秋时的古战船。[21]当时，太湖与东海相连，水道纵横，湖荡密布，"一日不可废舟楫"，该地区人民"习于水斗，善于用舟"。岳飞继承这一船型，按史载古战船"广丈六尺，长十二丈"，以南宋时期的度量制，换算造水师战船。岳飞被害后，岳家军不满朝廷昏聩，纷纷解甲归田，亦有遁入太湖者，继续抗击金人，粮饷断绝，捕鱼为生，将岳家军的水师战船改制成为渔船，拖网捕鱼，繁衍下来。

这种改制，如今尚能找到痕迹：

一是船体外观与作业使用的痕迹，如：七扇子的船头上有一道隆起的横板"铺面头"，太湖渔民俗称"箭板"，正好有一箭宽，是弓弩手进攻时放箭镞的；七扇子船帮高，人站在甲板上，船帮齐胸，攻战时弯腰行走可代盾避箭；船尾的"塓艄"，三面都是一人多高的挡板，是指挥和掌舵的掩体；太湖渔民称四条船作业为"一带"，有古代水师军事建制的痕迹。

二是文化信仰的痕迹，太湖七扇子等大船渔民中普遍信仰岳飞，平台山的禹王庙中曾专门供

奉岳飞、韩世忠塑像，渔民每年都定期去祭祀，有些大船渔民更自称是岳家军的后裔，大船渔民在赎佛或结婚时，有单独请"南元帅"[22]的祭祀仪式，而这种仪式在太湖小船渔民、农转渔等渔民和外来渔民中却没有。

三是其他佐证，即七扇子等太湖大渔船适应水战的特性受到关注。明代郑若曾考虑到太湖大渔船抗风抗浪、适宜水战等特点，在《江南经略》中建议将渔船改为兵船。明代顾炎武《天下郡国利病书》也有将大船改为兵船的建议。

以上两种说法，均来自民间传说，且两者之间有内在联系，即源于春秋古战船，后经岳家军改造成水师兵船。关于岳飞水师遁入太湖，文献资料如《宜兴县志》《武进县志》等皆有所记。这种由战船改制的大渔船行驶速度较快，捕鱼效率很高，此后数百年间太湖渔民纷纷仿效这种战船的形制来打造渔船。

三、太湖七扇子的罕见体量与特征

从船型种类看，太湖七扇子具备沙船的典型特征，如方头、方艄且带出艄、平底、多枙多帆、披水板等，是沙船型的渔船，属于沙船家族的一员。

辛泰圻1958年前后在太湖调查，记录载重58吨的太湖七扇子，总长21.75米，宽5.2米。[23]1962－1964年调查的江苏吴县七扇子，载重60吨，总长24.65米，宽4.96米。[24]21世纪初，朱年、陈俊才调查的七扇子，载重60吨以上，船长26米，宽5米。[25]从2004年前后太湖遗存的实船情况看，初造于清道光二十年（1840）的蒋林法家的七扇子，原停泊在太湖石公山畔湖面上，总长26.9米，宽4.85米，载重55吨。[26]对比周世德对当代沙船的实测和统计数据，太湖七扇子可被

当代沙船的大小类型及主要尺度

类型	总长（含出艄，米）	宽（米）	深（米）	吃水（米）
大型沙船	30.12	6.62	2.50	1.60
中型沙船一	21.00	4.28	1.09	1.00
中型沙船二	19.40	4.05	1.03	0.70
小型沙船	14.16	2.70	1.08	1.00

说明：

1. 大型沙船主要尺度，系周世德等实测；中型沙船一和二，数据采自《中国海洋渔船图集》；小型沙船采自《江苏省木帆船船型调查报告》。

2. 上表引自：周世德：《中国沙船考略》，《科学史集刊》1963年第5期。

图2 蒋乾元家正在航行的太湖七扇子，长25米
（来源：《无锡年鉴2000》，第156页）

图3 泊于太湖鼋头渚风景区的蒋乾元家太湖七扇子
（2016年2月笔者摄）

列为当代的大型沙船。（图2、图3）

从内河渔船的吨位大小看，我国江河湖泊的各类渔船，按其吨位大小，大致可分为大、中、小3型。大型渔船一般载重15吨以上，以大型湖泊为主要活动地区，太湖、洪泽湖、高邮湖等湖区出现有载重60吨左右的渔船，但数量较少；中型渔船一般载重7—8吨，广泛分布在长江水系宜昌以下干支流和大中型湖区；小型渔船一般载重3吨以下，广泛分布于各湖泊江河。[27]太湖七扇子见于记载的最大长度近27米，载重一般为40—60吨，大型的能超过60吨。[28]洪泽湖上的大型渔船为大网船（又称风网船），一般载重25—50吨，有2根主桅杆，需要时可张5—6根桅杆。[29]（图4）因此，太湖七扇子也是我国当代最大型的内河传统木帆渔船。

从桅帆数量看，明代《筹海图编》《兵录》《三才图会》《金汤借箸》等图绘沙船为2桅或5桅。洪泽湖上的大型渔船，最多时可张5—6根桅帆。我国传统海船，多为3桅。清代洞庭湖区域有一种大型货船为4桅。[30]元代意大利旅行家马可·波罗描述当时中国商人所用的海船，"有四

图4 洪泽湖上的大网船
（吴小艺摄，洪泽论坛，2022年2月23日）

根桅杆和四张帆，也有些只有二根桅杆"[31]。元代
摩洛哥旅行家伊本·白图泰记载当时中国泉州建
造的巨型海船"有十帆"[32]。明代《西洋记》（又
名《三宝太监西洋记通俗演义》）说郑和下西洋
的大型宝船"有九道桅"[33]。但10桅、9桅的元代
巨舶和明代郑和下西洋宝船的情况极为特殊。对
比《中国海洋渔船图集》《浙江省海洋渔船图集》
《浙江省木帆船船型普查资料汇编》《福建省渔船
图集》《福建省木帆船船型汇编》《长江流域渔具
渔法渔船调查报告 第二册 渔船》等记载的长江流
域、沿海各地区的木帆船船型的桅帆数量看，太
湖七扇子所具有的7桅7帆，在我国传统木帆船尤
其是内河渔船中，是相当罕见的特征。（图5）

太湖七扇子设计为7桅，具有以下优点：

其一，桅多帆多，桅杆高度相对降低。由于
大桅杆价格很高，主桅高度低，造价可以降低一
些。桅短帆低，降低风压中心，在大风时，船的
稳定性较易保证。例如，在6级风时，五桅船须降

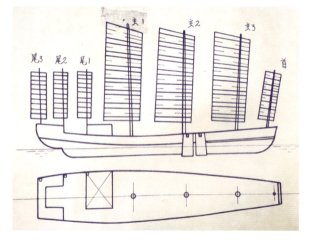

图5 太湖七扇子的7根桅杆布置示意图
（采自辛泰圻：《太湖渔船》，第16页）

下部分主帆，而七桅船则不需要降帆。

其二，从操作帆考虑，大帆的重量大，在风
浪中升降帆的操作更加费力。桅帆数量多，每风面
积的重量较小，升帆时较为省力，落帆也更安全。

其三，设七道帆，拖力大，帆多受力均匀，
耐浪性能好，八级风仍能生产。

其四，太湖七扇子作为拖网类渔船，要求船

速快，常以2艘或4艘船联合作业，加强拖力，快速捕鱼，因此，七扇子多置桅帆，增加船速与拖力，非常适合浅水型湖泊的拖网作业。

四、太湖七扇子的独特作业方式

在太湖，以七扇子、五扇子为代表的大渔船，吃水深，以往多集中于原吴县冲山地区等几个渔业村，其捕捞作业颇具特点和规律。

清代《半园诗文遗稿》对此记载详细：

六桅船不入港渎，不出江海。……众船之网，三时更换：夏用布兜，秋用小兜，冬春二季都用樯搂。四船相联，乘风下网，折纻往来，住泊初无一定，风止即下猫。湖中连樯接舰，俨如村落，互相守望，不怕盗贼侵犯，众船多泊北湖深处，两傍有栈板，装鹅卵石三四十担以压船。船身吃水四五尺，可当风浪其行也，顺风拖网，如用倒犁在后，无颠覆之患。其船无橹无桨，有风则行；无风则止，最为迟笨，不能近岸。[34]

太湖七扇子专候暴风行船，出没在太湖深水区域。太湖是个浅水湖，水深一般在3米左右，最深处近5米，位于长兴、宜兴一侧。西太湖、南太湖、北太湖是七扇子经常作业的水域，而东太湖水浅，七扇子几乎不去。

太湖七扇子一旦开航捕捞，则入湖"连续捕捞"，即一旦下湖，则在湖中日夜捕捞作业，有风行船，风止就在原地临时下锚停泊，驻泊无所，一般不轻易靠岸或入港停泊。泊船期间，渔民船员在船上从事拣鱼，整理、修缮渔网渔具等工作，一候起风，即重行起航捕捞。

太湖七扇子捕捞作业时，常以四船为"一带"联合拖网，即前面的两船牵着粗大的绳作前导，用来排除湖中石块，称"带船"；后面的两船

牵网随之，分别使用着樯缆网、丝网、虾拖网等网具用以捕捞鲢鱼、鳙红船、白鱼、梅鲚、银鱼等不同鱼类，三十多个劳动力一起捕鱼，最多时一天能捕五千多公斤鱼，一网可打3600斤银鱼，称"网船"。新中国成立后，樯缆网由快丝网代替后，四船作业改为两船（左船和右船）并对作业，即左船、右船的对船合作捕捞称为"一舍"，每条船配7—9个劳动力。另，太湖大渔船捕捞小银鱼时，一般采用双船作业法，而捕捞大鱼时，则须用四船联合作业。（图6）

四船联网作业，这在全国仅太湖有。四船为"一带"，是古时水师军事建制的称谓。清代《半园诗文遗稿》记："六桅船四只相联为一带。"[35]带船与网船对接时，船老大根据风力、风向调整篷（即帆）的受力角度和航向。过早对接，两船会相撞，过晚则对接不上，特别在黑夜中，对接难度更大。对接前，网船在船头先点燃一支竹篾火把，称"一灯"，是准备对接的信号，在船艄再点燃另一支火把，称"双灯"，对接开始。在伸手不见五指的黑夜中，全凭两支火把引导，尽量保证一次对接成功。网船负责排网捞鱼，每栅风（一次风信）带船、网船轮换，网船上互派一名"下肩舱"船员，到对方船只上参与捞鱼和监督，称"矫人"。过年时请吃"矫人酒"，必备"细粉团子百

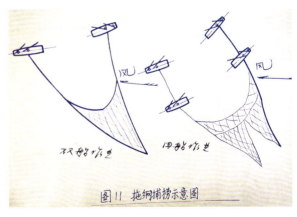

图6　太湖七扇子四船与双船作业示意图
（采自辛泰圻：《太湖渔船》，第21页）

果馅"的"娇人团"。一个作业单位，有一名经验丰富的"老大"指挥生产，称"作主人"，对船之间用"篷语"联络。有时篷语不能表达，用"出招"，即用拖把向上举垂直打圈，有情况立即通知对方。[36]

捕捞作业时必打号子。起锚、扯篷集体劳动时，一人领唱众人和，节奏明快，高亢有力；二三人排网、摇舢板、取鱼时，有领有和，低沉有力，声音嘹亮；单独理网、整缆时，自吟自和，委婉动听。劳动号子能协调动作，提神鼓动，又是舢板在湖上操作时向大船传递的安全信号。渔船根据渔具、渔场，自发组成"渔帮"。同帮的渔民，渔场、渔汛相同，一起捕鱼，一同停泊，互相照顾，应付突发事件。

五、以船为家的生活与教育

太湖渔船上有五样船家之宝，七扇子也不例外。这"五宝"为一条狗、一只猫、一盆葱、一盆大蒜、一盆万年青。船民们全家老小长年累月吃住在船上，生活单调又枯燥，这五样东西给船民们的水上生活增加了乐趣，形成水上流动的风景线。

狗是人类忠实的伙伴，到了夜晚，人们劳累了一天后在船上睡眠休息，狗起着警卫作用，可防盗。猫是老鼠的天敌，水中老鼠又大又壮，常爬到船上偷食或啃咬物品，危害很大，有了猫，老鼠就逃之夭夭了，所以猫狗这两样宠物，渔民特别喜爱，终年陪伴在一起。

葱和大蒜是船民常用的调味品，杂鱼小虾卖不起价钱，常留作船民的日常小菜，葱姜大蒜能解鱼腥，是烧鱼煮虾不可缺少的佐料，自己动手种一点方便又实用，更主要的是它们还是治病的良药，船民们漂泊江湖，风里来，雨里去，难免受寒挨冻，用生姜和葱加黄糖煎服祛寒发汗，治

疗伤风感冒效果良好，另外大蒜是治虫杀菌的特效药，还能开胃增加食欲，所以船民们常把它用来治疗痢疾，葱和大蒜自然成了治病颇为不便的渔民们常备的家庭良药。

万年青是四季常青的，民间把它视为吉祥之物，常言道：天有不测风云，船民们行船操舟最怕怪风和龙卷风，他们认为万年青和葱能镇妖辟邪，保佑他们一帆风顺，万年好运。此外，万年青的子和根虽然有毒，但都是一味良好的药材，有着强心的作用，中医常用来急救和治疗毒蛇咬伤，但这一点鲜为人知。

太湖七扇子等大渔船终年在湖中作业，其子女无法就近上学，因而或十余条船联合，聘请一位识字者在船上教书识字。教师和学生食宿由学生家长轮流负担，每月一轮，周而复始。1920年5月的《工商半月刊》记载："（太湖）渔船因流动生活，无一定居处，渔民无受教育机会，故识字者甚少。湖中六樯大网船，往往数家合一船，人多至一、二十，船上设备较完善，亦有请一人专教授子弟者。"这种办学形式，直到解放初期仍沿用。[37]

六、小结

太湖流域作为一个经济重镇在中国具有举足轻重的地位。太湖地区渔猎先于农耕。唐宋以来渔业捕捞日益兴盛发达，至明清时已是渔者十有三四，出现了"渔家处处舟为业"的景象。

太湖七扇子是太湖大渔船的一种，其来历与春秋时期的范蠡、南宋时期的岳家军水师有关。宋代以来，各种文献记载的太湖七扇子名称，多种多样。这些名称，反映了这种船的典型特点。太湖七扇子属于沙船家族，也是我国淡水湖泊中最大的一种风帆渔船，且具有七樯七帆的罕见特征，但这样的樯帆设计，有其独特的考虑，并体

现在捕捞作业方式上。在生活与文化教育等方面，七扇子也反映了太湖渔民以船为家的水上生活。因此，太湖七扇子是中国传统舟船及其文化的重要代表，具有突出的历史、技术与文化价值。

注释

1　作者简介：叶冲，中国航海博物馆副研究馆员。

2　（宋）陈起编：《江湖小集》卷42《叶茵顺适堂吟稿·渔家行》。

3　（清乾隆）《震泽县志》卷25《风俗一》。（清乾隆）《吴江县志》、（民国）《吴江县志》亦如此记载。

4　《皇明留台奏议》卷15《兵防类·湖盗出没叵测议处访守疏》。

5　（清）朱彝尊选编：《明诗综》，中华书局，2007年，第3935页。

6　古代吴越水泽多蛇蟒，常成灾害，据《史记集解》解释："越人于水中负人船，又有蛟龙之害，故置戈于船下，因此得名。"参见蔡利民、陈俊才：《太湖渔民的保护神——夏禹》，收入上海民间文艺家协会、上海民俗学会编：《中国民间文化 地方神信仰》（总第18集），学林出版社，1995年，第149页。

7　（清）王贞仪：《德风亭初集》卷11《太湖罛船曲四首》，载李雷主编：《清代闺阁诗集萃编》，中华书局，2015年，第2923页。

8　（清）鲍钤：《道腴堂诗编》卷26。

9　（清）陆奎勋：《陆堂诗集》卷8。

10　金煦主编：《江苏民俗》，甘肃人民出版社，2003年，第37页；苏州市传统文化研究会编：《传统文化研究：第16辑》，群言出版社，2008年，第281页。

11　叶志明：《艺夺天工》，凤凰出版社，2015年，第16页。

12　兆鹏：《风景》，载杨晋豪编：《二十四年度中国文艺年鉴》，北新书局，1936年，第705—706页。

13　（清道光）《苏州府志》卷147《杂记三》。

14　（清）吴庄：《半园诗文遗稿》卷八《信目吟》。

15　（清道光）《苏州府志》卷147《杂记三》。

16　（清）王芑孙：《渊雅堂全集》渊雅堂编年诗稿卷18《题同年李虎观郡丞》。

17　金启华主编：《全宋词典故考证释典》，吉林文史出版社，1991年，第783页。

18　（宋）岳珂：《岳鄂王行实编年》卷二《建炎四年庚戌岁年二十八》。

19　（明）冯琦、陈邦瞻：《宋史纪事本末》卷15《金人渡江南侵》。

20　（清光绪）《武阳志余》志余卷1之1《山川·马迹山》。

21　据前文，当指春秋时期越国的戈船。

22　据大渔船渔民称，"南元帅即岳元帅"。

23　辛泰圻：《太湖渔船》（船史研究会会议交流文件），中国船舶科学研究中心，1985年，第17页。

24　长江水产研究所、上海水产学院：《长江流域渔具渔法渔船调查报告 第二册 渔船》，1966年，第52—53页。

25　朱年、陈俊才著：《太湖渔俗》，苏州大学出版社，2006年，第19页。

26　马祖铭、何平：《太湖渔家风情录》，载苏州市地方志编纂委员会办公室、苏州市政协文史委员会编：《苏州史志资料选辑 2004年刊》，《苏州史志资料选辑》编辑部，2004年，第285—287页。

27　长江水产研究所、上海水产学院编印：《长江流域渔具渔法渔船调查报告 第二册 渔船》，1966年，概述。

28　江苏省太湖渔业生产管理委员会编印：《太湖渔业史》，1986年，第79页；江苏省太湖渔业生产管理委员会编印：《太湖渔业管理30年：1964—1994》，1994年，第16页；朱年、陈俊才：《太湖渔俗》，苏州大学出版社，2006年，第三章。

29　《洪泽县志》编纂委员会编：《洪泽县志》，北京：中国大百科全书出版社，1999年，第374页；《洪泽湖志》编纂委员会编：《洪泽湖志》，方志出版社，2003年，第383—384页。

30　席龙飞：《中国古代造船史》，武汉大学出版社，2015年，第408—409页。

31　［意］马可·波罗著，梁生智译：《马可·波罗游记》，中国文史出版社，1998年，第223页。

32　陈彬强、陈冬珑、王万盈主编：《泉州海上丝绸之路历史文献汇编：初编》，厦门大学出版社，2020年，第643页。

33　（明）罗懋登著：《西洋记》，岳麓书社，1994年，第104页。

34　（清）吴庄：《半园诗文遗稿》卷八《信目吟》。

35　（清）吴庄：《半园诗文遗稿》卷八《信目吟》。

36　陈俊才：《太湖七桅渔船》，《古今农业》1999年第2期。

37　《吴县地方志通讯》1988年第2期，第16页。

广东清代红头船

何国卫[1]

在讨论广东清代红头船时，有必要理清广东船、广船和红头船三者的含义、相互之间的关系。清代广东外销画上频频出现红头船是历史的真实反映。红头船是优秀的海上贸易船，具有广船最为突出的四大技术特征，本文以潮汕地区和珠三角地区的红头船为主线，论述广东红头船的历史贡献。

一、广东船、广船、红头船

中国船史研究的著作和论文经常出现广东船、广船及红头船的名称，这些对广东古代船舶的称谓含义是不同的，不能混为一谈，尤其红头船具有独特的历史内涵，红头船是广船也是广东船。

（一）广东船与广船

广东船是指主要在古代广东建造的，具有该地区古船技术特征的广东木帆船。广东船的品种繁多，战船有赶缯船、艍船、米艇等；民船有广东大帆船、艜船、拖风船等；渔船有赶缯船、七艕船等等。除海船外，还有林林总总数不胜数的内河船也属于广东船。

广船的称谓，最早出现于明代郑若曾所撰《筹海图编》卷十三上"经略五"之"兵船"，其中并列阐述了"广东船图说……大头船图说、大福船图说、草撇船图说……开浪船图说……苍山船图说……沙船图说"[2]等十九个图说，出现了广船、福船、苍山船、沙船等名词，它们都是明代的兵船，此时并没有提出船型的分类。船史学界为学术研究的方便将中国古代海船作船型分类是有必要的，有学者提出中国古船分为沙船、福船、广船三大船型

之说，但笔者认同应补上浙船或鸟船的见解，因为实际上沙船、福船、广船和浙船各具明显的船型特征，故又称四大船型。不过学界对各船型至今尚无统一的明确定义，对船型的分类也未形成共识。

不过，最初的广船是指广东船中的海上兵船是明确无误的，后来才逐渐扩大到广东的各类海船，不论其是兵船、渔船、客船还是商船，均指海船，并不包括内河船。

当前，我们通常将广东船中的海船笼统地称作广船，现在船史学者已基本认同这种看法，并视广船为涵盖广东、广西和海南的岭南地区海船的统称。

广东沿海有多种海船，如商船、渔船、客船、兵船等。通常来说，广船是指具有广东地域技术特色的，主要在广东建造的广东海上木帆船，不过广船在东南亚建造也常有所见，主要航行于广东及其他各省，也有漂洋过海从事远洋航行的。广船是广东海上交通的载体，承载着广东海洋文化的丰富内涵和历史价值。

（二）广船与红头船

清朝为了实行严格的海禁政策，加强对日益频繁的海上活动的管理，雍正元年（1723）朝廷规定："出海商渔船只，自船头起至鹿耳梁头止，并大桅上截一半，各照省份油饰；船头两舷刊刻某省某州某县某字某号字样。福建用绿油漆饰，红色钩字；浙江用白油漆饰，绿色钩字；广东船用红油漆饰，青色钩字；江南用青油漆饰，白色钩字。"[3]因为广东商渔海船船头及大桅上部漆红色，故称红头船，可见，广东红头船是因船头舷侧红油漆饰

而得名。既然清朝雍正起广东的海上商渔船都在船头用了红油漆饰，就被称作"红头船"，那么，自1723年起"红头船"已成为广东海上商船和渔船的统称。

到了乾隆二十五年（1760）时期清廷批准对福建出海的"商渔船帆樯编号字迹不必拘定颜色"[4]，也就是说对漆饰和钩字的颜色已不再强求，广东各地海船亦就随之逐步地自行取消或变更了朝廷原来的漆饰颜色规定。后来广东渔船的船头已基本上不再见到红色漆饰了，广东著名的阳江七膀船和近代的"金华兴号"的渔船就是例证。

清代广东出海贸易货船尤其是潮汕、珠三角一带的广东海上商船仍旧沿用红色漆饰，于是乎此时的"红头船"已转向专指清代广东海贸商船了，多指三桅帆船，所以"广东的海上商船统称红头船"[5]。（图1）

图1 红头船（《大英图书馆特藏中国清代外销画精华》第六卷，2011年，第104页）

红头船的称谓是对清代广船中某类船的一种表述，即指广东的海上商船，并不是特指广船中的某种船，例如，艚船、缯船等。若把清代广船笼而统之说成是红头船显然不妥。

鉴于两广、海南岛和南海诸岛海域的海船技术特征具有诸多类似性，故通常归入广船讨论的范围。广袤的海域和漫长的海岸线，造就了诸多的海港，以适应海上活动的需要，其海域大体上可分为粤东的潮汕、珠三角的广州、粤西的雷州半岛北部湾以及粤南的海南。红头船主要活动基地是在粤东的潮汕、珠三角的广州，随之，有了潮汕红头船和珠三角红头船的称呼，不过它们都是广东红头船。

潮汕地区是广东红头船的重要故乡和始发地，鉴于清代潮汕红头船与东南亚交往甚多，在东南亚也建造了不少的红头船。

"鸦片战争结束后广东所造的一艘船名叫'耆英号'的三桅红头船载重达800吨"[6]，是典型的远洋商船。"耆英号"远涉重洋，经纽约航抵伦敦，被视为中国木帆船航程最远的船舶。

由上阐述，可笼统地把清代广东地区的船叫广东船，广东船中的海船叫广船，广船中的贸易商船叫红头船。

二、外销画上的红头船

清代广州外销画名扬海外，深受西洋人士喜爱。18、19世纪中国画师绘制的外销画船图，以水粉画为多，也有油画等，题材以广东自然风物、市井风情为主，外销画所绘的都是历史的记录，都是珍贵的文史资料。

清朝广州以其"一口通商"的独特地位成为最重要的外贸口岸，因此珠江、港口、船舶成了外销画的重要主题之一，笔者感兴趣的当然是外销画上描绘船舶的船图。清代广州外销画高度的真实性，使广东木帆船得到形象的展示。

在外销画上出现的红头船不仅数量多而且特别凸显。现已公开发表的外销画主要有《大英图书馆特藏中国清代外销画精华》（以下简称《外销画精华》），该书的《广州港和广州府城画》[7]（以下简称《府城画》）和"广东船舶与江河风景组画"[8]（以下简称"组画"）两部分展现了许许多多的船舶画面。创作时间约在清乾隆二十五年（1760）的长卷水粉画《府城画》，原画长920厘米，高74厘米，画面西起广州府城西边珠江上游的黄沙、柳波涌的西关炮台，东至广州府城东边珠江下游的大沙头、东水炮台，所画内容是广州港口、广州府城和珠江此段沿岸风景，在长达八九公里的江面上各种停泊或行驶的船舶多达四五百艘，平均每公里江面船舶密度竟达四五十艘之多，它生动、形象、真实地再现了250年前广州贸易口岸的繁荣景象，令人叹为观止，该长卷画被称为"广州清明上河图"，并不过誉。《外销画精华》中的"组画"共83幅，

一类是42幅单纯的船舶画，具有较多的静态写生性质；一类是41幅船舶与江河风景画，"组画"集中地展现广东地区的多种多样内河船。《府城画》上有6艘三桅红头船，视其在水上状态可知它们都是待装货准备远航的船舶。（图2）

由广东省博物馆于2008年购回收藏并展出的《广州港全景图》[9]（以下简称《全景图》）。它也是一幅晚清时期描绘珠江的外销画，珠江上的各种船舶同样是它描绘的重点，这幅油画，画面全长2米，宽0.88米，《全景图》画面长度比《府城画》小了很多，但它所描绘的画面展示了西起沙面，东至大沙头东水炮台，长达约3公里珠江河面的全景，江面上密布大小船只达三百余艘，平均每10米长河段就有一艘船，《全景图》展示了当年珠江上最繁荣的广州港一段。

已故船史学者金行德先生的论文《〈广州港全景图〉船析》统计出图面上有7艘三桅红头船的形象，并附上其中5艘的画面图，除另外两艘因离得

图2　江面上停泊的红头船（引自《广州港和广州府城画》局部）

较远，画面不够清晰而略去。在画面近处靠近江面南侧的两艘三桅红头船则特别醒目，画面上的红头船处于停泊状态，故风帆都已落下。三桅红头船的船体大载量多，具有优良的远洋航海性能，它出现在画面上正是广州海外贸易繁荣的反映。

另外，在《西方人眼中的中国情调》《羊城风物》等书刊上也见有外销画上的红头船船图。红头船绝对是外销画船图的主题船，它已成为当时广东海船的典型代表和外贸商船的主力船。外销画上频频出现众多的红头船绝不是一种偶然。

三、红头船具有独特的技术特征

广东海域基本上可分为粤东的潮汕、粤中的广州珠江口、粤西的雷州半岛及粤南的海南和南海，各海域的船舶种类众多且各具特点，但同时存在许多雷同的技术特色。为适应航运的需要和时代的变迁，广东船的船形和船舶技术不断演变。到了清代中后期，广船大多已不是明代时期的尖底船了。

广船航海性能优秀，船舶技术突出，综观清代广船具有诸多独特的技术特征，红头船亦然，以下介绍最具代表性且最主要的四大技术特征：

（一）多用硬木建造

《明史·兵制四》记有"广东船，铁栗（力）木为之，视福船尤巨而坚"[10]，它因其坚而利于撞击敌船。至于"铁力木为之"，笔者认为不能简单地理解成建造广船所用木料都是用铁力木的，虽然铁力木蠹虫不蛀，入水可百年，但特别坚硬、沉重，不利于加工，再说铁力木数量有限，进口也非易事，成本也高，铁力木通常用于制造龙骨、舵杆、木锚等构件，广船若全身用铁力木，自身重量极大，实在无此必要也不太可能。广船建造选用铁力等优质硬木只是在数量上比福船等其他木船要多用得多一些而已。广船用料上乘，多用硬木建造

是确实无疑的，实际上是多用硬木而不是都用铁力木，不能把"多"当作成"都"来理解。

（二）开孔舵

舵是船舶操纵工具，"凡船性随水，若草从风，故制舵障水，使不定向流，舵板一转一泓从之。……凡舵所障水，相应及船头而止，其腹底之下，俨若一派急顺流，故船头不约而止，其机妙不可言"[11]。

广船的开孔舵独具特色。广船的尾舵多为不平衡舵，且舵的展弦比（即舵叶高宽比）较小，以致舵叶面积中心距舵杆轴线较远，转舵力矩也就较大，由此而产生在舵叶上开有一系列穿通孔洞的开孔舵，转动舵叶时，水流能从开孔舵叶的一侧顺利地流向另一侧，致使转舵力矩大为降低，尤其急转舵时速度往往很快，更有利于提高水流对舵叶面的垂直度，从而更利于水流通孔，转舵省力的效果格外明显，所以转舵速度越快则操舵省力就越明显，这就是开孔舵操舵省力的机理所在。当操舵到某一舵角不转时，即稳舵时，舵叶已停止了转动，水流对舵叶的通孔流量处于最小状态，因此孔洞对舵效的影响甚微。

总之，开孔舵在转舵时能省力，稳舵时的不利影响甚微。开孔舵称得上是一件别具匠心的发明，至今还有使用。开孔舵是中国古船先进技术之一，还被引入西方，这是广船的骄傲。

（三）中插板

有的广船装有一种"中插板"（又称"底插水板"以别于"首插水板"）的驶风辅助装置。它是在主桅前方的纵中线处，设一个垂直贯穿甲板与船底的纵向长方形围孔，孔壁水密，插板置于围孔内，由甲板上的绞车控制其升降。它可降至船底以下，船驶风时可减少船舶横向漂移。

中插板是广船的技术特色之一，它同沙船两舷的披水板在抗漂功能上有着异曲同工的效果，而

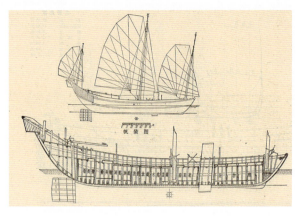

图3 广东七艕船图（《中国海洋渔船图集》，1960年，第206页）

且还有披水板所不具有的船舶减摇作用。

因为中插板的水下部分不能见到，而露出甲板的部分往往被其他物件遮住，这可能是在外销画船图画面上未见到这种中插板装置的原因，此处，以广船之一的七艕船图（图3）显示中插板形象。

（四）扇形帆

广船多采用扇形帆，它的外形特点是顶边斜上，上窄下宽，迎风边（导边）是斜直线，随风边（随边）是弓背形曲线，随风边的边长大于迎风边，于是帆的撑杆犹如扇骨，收帆如折扇，扬帆如开扇，故称扇形帆。广船扇形帆的顶边斜度很大，有达50度的，尖峰往往高出桅顶，这样可充分利用桅顶上方的部分风力以弥补桅高的不足。相对而言，扇形帆的重心更偏后和偏下，更利于驶风打戗和提高稳性。（图3）

四、红头船对广东海上贸易的贡献和独具的历史特色

清代广东和福建在发展与东南亚各国的海外贸易中均起着重要的作用，广东的珠三角红头船对繁荣海上贸易功不可没，潮汕红头船则独具历史特色。

乾隆二十二年（1757）朝廷下诏令"将来只许在广州收舶交易"[12]，广州被指定为中西方贸易的独口通商。这种独口通商的局面一直维持了八十余年，直到鸦片战争。有学者认为："独口通航仅限于对欧美各国商人而言，并不禁止他们在南海地区殖民地的商人前往厦门、宁波和上海等口岸贸易。……甚至一些欧洲人还在广州以外的其他港口继续进行贸易。"[13]

独口通商给广州的海外贸易带来空前的繁荣，各国来广州的商船不断增多，"据统计，自1759年至1833年共来船5072艘，平均每年达67.6艘"[14]。

"18世纪广州华商已经经营广州与欧洲间货运的帆船贸易。据荷兰和瑞典有关1750年至1770年广州帆船贸易的档案记录，至少有27艘，多达37艘的中国帆船经常出入于广州。"[15]"道光年间（1821—1850），广东海船的保有量约1600艘，载重量达20万吨。""1821年前后每年有116只中国帆船驶往越南贸易，广东帆船有半数以上。"[16]

不言而喻，作为广东海上贸易主要载体的红头船承担广州对外贸易的载运量必然是相当可观。表明中国帆船数量和载量都有了可观的发展，有力地促使以广州为基地的珠三角海外贸易空前的繁荣和发展。

运到广州的商品主要是为出口而来的省内和周边省份的地方土特产，而广州运向内地的商品以洋货、加工产品和书籍为主，广州以出口为导向的经济交往促进了全国的经济联系。

潮汕地区是红头船最为活跃的地区，1971年和1972年曾在粤东澄海县境内先后各出土了一艘红头船，一艘"船长39米，宽13米，共拆出柚木板49片"。另一艘"身残长28米，船舷上刻有广东潮州府领□双桅壹佰肆拾伍号蔡万里商船"字样。[17]（图4）

在历史的长河中，红头船是潮汕地区海上贸易和人员交往的载体，红头船见证了潮汕地区与外界的经济文化交流，成为连接潮汕与世界各地的重要纽带。潮汕红头船的海上贸易活动甚盛，其与东南亚各地的交往尤为突出。作为潮汕地区独特的历史文化符号，承载着丰富的历史内涵和价值，广东潮汕红头船独具的历史特色主要体现为如下几个方面。

其一，潮汕地区位于南海之滨，人多地少，海洋成为潮汕先人们谋求生存发展的重要出路，潮汕地区的海上贸易活动主要通过驾乘红头船得以实现的。澄海商人"兴贩他省，上溯津门、下通台下，象犀金玉与夫锦绣皮币之属，千艘万舶悉由澄分达诸邑，其自海南诸郡转输米石者，尤为全潮所仰给"[18]，可见，潮汕地区的海上贸易以中转贩运为特色。

其二，潮汕地区的海运发展得益于历史的机遇。清康熙二十三年（1684），清廷诏开海禁，准商民人等出海贸易，樟林港海运业始兴，到了乾隆二十二年（1757），清廷对外贸易仅限广州一口后，此时的樟林港恰好与广州港配合，因为闽南一带的外贸货物必经樟林，故闽商浙客常集，樟林

图4　1972年和洲出土红头船船首板（《红头船的故乡：樟林古港》，2004年，书前彩页）

港益盛，其时的潮汕红头船，多见于北至沪、津、台、厦，南达珠江口、湛江湾及南洋诸岛。

其三，清代樟林港的"过番"现象是潮汕地区一种独特的历史文化现象。它是指潮汕地区的破产农民、小手工业者和游民无产者等群体，为了谋求生计，背井离乡，乘坐红头船从樟林港出发前往南洋（即东南亚地区）等地闯荡、定居、谋生活动。

从康熙至咸丰近200年间，樟林港不仅是潮汕地区对外贸易的主要港口，也是潮梅二州人民出海谋生的"过番"港口。"过番"的潮汕人在海外艰苦创业，逐渐形成了具有影响力的潮商群体，他们在海外积累了财富后，很多人又回到家乡投资兴业、建设家乡。

其四，旅居东南亚各地的潮汕籍华侨，驾驶红头船多是从樟林港出海到国外的，到清朝特批潮人赴暹罗买米后，红头船便负起了进口洋米的职责。红头船在暹罗采购大米后，也购买暹罗盛产的楠木和柚木等木材供造船所用。

鉴于当时国内造船价格远比暹罗高，且暹罗造船方便条件较多，如柚木骨架、柚木船板等，因此，商人或将这些木料运回潮汕或干脆就在暹罗建造红头船。因此，广东红头船大都是在粤东潮汕和东南亚各地建造的，出现在海外（主要在泰国的暹罗）建造中国红头船的现象并非偶然。

其五，红头船文化作为潮汕文化的重要组成部分，是连接海外华侨与家乡的重要纽带。潮汕地区成为著名侨乡，潮汕的侨批文化拥有深厚的文化底蕴至今仍在呈现光辉，推动科技创新、文化创意等产业的发展。

总之，广东红头船的航运实践对促进国内沿海不同地区和东南亚诸国之间的经济交流和文化传播功不可没。

五、小结

　　由此可知，广东船、广船和红头船所指有所不同，不宜混淆而论。红头船的出现是一定历史背景下的现象，其在外销画中得到充分的展现。作为广船，红头船是优秀的航海木帆船之一，具有广船的四大重要技术特点，对广东的海上贸易和历史文化的贡献功不可没。

注释

1　作者简介：何国卫，中国船级社武汉规范研究所高级工程师（教授级）。

2　（明）郑若曾撰，李致忠点校：《筹海图编》，中华书局，2007年，第857页、880页。

3　（清光绪）《大清会典事例》卷629《兵部》，转引自郭蕴静：《清代商业史》，辽宁人民出版社，1994年，第338页。

4　（清光绪）《大清会典事例》卷630《兵部》，转引自郭蕴静：《清代商业史》，第338页。

5　广东省地方史志编纂委员会编：《广东省志·船舶工业志》，广东人民出版社，2000年，第65页。

6　广东省地方史志编纂委员会编：《广东省志·船舶工业志》，第29页。

7　王次澄等编：《大英图书馆特藏中国清代外销画精华（第一卷）》，广东人民出版社，2011年，第1—86页。

8　王次澄等编：《大英图书馆特藏中国清代外销画精华（第六卷）》，第91—294页。

9　煜呱：《广州港全景图》，广东省博物馆收藏。

10　（清）张廷玉等：《明史·兵志四》。

11　（明）宋应星：《天工开物》卷九《舟车》。

12　《高宗对训》卷281《饬边疆》；《东华续录》，乾隆朝，卷46。

13　叶显恩：《十八世纪商业扩张时代的南海贸易与广州》，载叶显恩等编：《泛珠三角与南海贸易》，香港出版社，2009年，第5页。

14　梁廷相：《粤海关志》卷24《市舶》，转引自叶显恩：《十八世纪商业扩张时代的南海贸易与广州》，载叶显恩等编：《泛珠三角与南海贸易》，第5页。

15　叶显恩：《十八世纪商业扩张时代的南海贸易与广州》，载叶显恩等编：《泛珠三角与南海贸易》，第10页。

16　叶显恩主编：《广东航运史·古代部分》，人民交通出版社，1989年，第150页。

17　卢继定：《红头船出土记》，载陈泽、吴奎信主编：《潮汕文化选·第三集·逢看湖山便忆家》，潮汕历史文化研究中心，汕头特区晚报社，2001年，第283—286页。

18　嘉庆《澄海县志》卷6。

后记

　　"舟楫中国：中国古代舟船文化特展"虽然仅仅展示了博大精深的中国舟船文明的几帧侧影、些许篇章，但却向观众揭示了"何以中国"的蓝色文化内涵是何等丰富多彩，也为后续展览的开展累积了更进一步的底基。

　　展览是在有限物理空间内的短期展示活动，为了提高展览服务的延时效应，让更多公众以更便捷、更稳定存在的方式了解更多中华舟船文化的内容，中国航海博物馆投入大量精力，策划出版《舟楫中国：中国古代舟船文化特展图录》。

　　图录基于展览，但内容更优渥于展览：很多受限于展览版面无法言达的内容，在图录中都有了更细致的诠释。图录从策划到出版，历时一年之久，可谓精益求精，力图能够更好呈现精彩的舟船故事。由于展品品类繁多，研究成果又深厚庞杂，图录的撰写难度远超预期，幸得策划组同事鼎力合作，才使得图录得以顺利付梓。

　　本馆各部门同仁的团结协作，是展览得以顺利实施的重要保障。在展览举办与图录出版过程中，我们有幸得到多方支持与帮助。借图录出版之际，我们向给予展览展品帮助的中国南海博物馆致以诚挚的感谢！感谢中山大学谭玉华老师、本馆叶冲老师对展览文本内容提出的宝贵意见！感谢何国卫老师、谭玉华老师、叶冲老师在百忙之中为展览馈赠大作！上海美术设计公司的精心制作，让展览有了完美的视觉呈现。上海书画出版社黄坤峰老师、法晓萌老师的悉心编校，使得图录很好地承载了我们的展览表达意图！感谢为展览举办以及图录出版做出重要贡献的所有同仁和朋友！

　　由于展览视域广阔，图录内容庞杂，文物种类繁多，且涉及多学科专业知识，图录内容难免会有纰漏之处，欢迎读者斧正，并感谢帮助。您的关注与期待，是我们成长的源泉，更是我们前行的动力。

编者

图书在版编目(CIP)数据

舟楫中国：中国古代舟船文化特展图录 / 中国航海
博物馆编. -- 上海：上海书画出版社, 2025. 3.
ISBN 978-7-5479-3546-0

Ⅰ. K875.32
中国国家版本馆CIP数据核字第2025D4H642号

舟楫中国

中国古代舟船文化特展图录

中国航海博物馆 编

责任编辑	黄坤峰　法晓萌
版式设计	陈绿竞
封面设计	项梦怡
摄　影	李　烁
技术编辑	吴　金

出版发行	上 海 世 纪 出 版 集 团 ⑤上海书画出版社
地址	上海市闵行区号景路159弄A座4楼　201101
网址	www.shshuhua.com
E-mail	shuhua@shshuhua.com
印刷	上海雅昌艺术印刷有限公司
经销	各地新华书店
开本	889×1194　1/16
印张	19
版次	2025年4月第1版　2025年4月第1次印刷

书号	**ISBN 978-7-5479-3546-0**
定价	**318.00元**

若有印刷、装订质量问题，请与承印厂联系